따라만 해도 진짜 만들 수 있고
돈도 벌 수 있다

# 이모티콘으로
# 돈 벌기

개정판

김영삼 032cafe 지음

㏊ 한빛미디어
Hanbit Media, Inc.

## 김영삼 032cafe

대학에서 패션 디자인을 전공하였으며 국내 IT 시장 초창기 때부터 지금까지 모바일 UX/UI 디자인과 이모티콘 제작 및 강의를 진행하고 있습니다. 현재 카카오톡, 라인, 아이 메시지&페이스북 메신저에 다양한 이모티콘을 서비스하고 있습니다. 한국 매크로미디어 MAX(모바일 게임 부분 대상), 아이리버(모바일 플래시 게임 부분 특별상), 친환경상품진흥원(게임 부분 3위), 보건복지가족부(UCC 애니메이션 부분 장관상) 수상 경력이 있습니다.

Email cafelove33@hanmail.net
Facebook facebook.com/032cafe
Cafe cafe.naver.com/032cafe
Blog blog.naver.com/032cafe
YouTube youtube.com/김영삼032cafe

## 이모티콘으로 돈 벌기(개정판)

**초판 1쇄 발행** 2023년 6월 30일

**지은이** 김영삼 / **펴낸이** 김태헌
**펴낸곳** 한빛미디어(주) / **주소** 서울시 서대문구 연희로2길 62 한빛미디어(주) IT출판1부
**전화** 02-325-5544 / **팩스** 02-336-7124
**등록** 1999년 6월 24일 제 25100-2017-000058호 / **ISBN** 979-11-6921-115-4 13000

**총괄** 배윤미 / **책임편집** 장용희 / **교정** 박서연
**디자인** 윤혜원 / **전산편집** 김희정
**영업** 김형진, 장경환, 조유미 / **마케팅** 박상용, 한종진, 이행은, 김선아, 고광일, 성화정, 김한솔 / **제작** 박성우, 김정우

이 책에 대한 의견이나 오탈자 및 잘못된 내용에 대한 수정 정보는 한빛미디어(주)의 홈페이지나 아래 이메일로 알려주십시오. 잘못된 책은 구입하신 서점에서 교환해 드립니다. 책값은 뒤표지에 표시되어 있습니다.

한빛미디어 홈페이지 www.hanbit.co.kr / 이메일 ask@hanbit.co.kr
자료실 www.hanbit.co.kr/src/11115

지금 하지 않으면 할 수 없는 일이 있습니다.
책으로 펴내고 싶은 아이디어나 원고를 메일(writer@hanbit.co.kr)로 보내주세요.
한빛미디어(주)는 여러분의 소중한 경험과 지식을 기다리고 있습니다.

## 이모티콘 디자이너를 꿈꾸는 분들에게

최근 다양한 매체를 통해 이모티콘이 감정의 표현 전달 수단으로 급부상하자 이모티콘 제작에 대한 관심이 날로 높아지고 있습니다. 유명 이모티콘 작가들의 높은 판매 수익과 어린아이가 그릴 법한 발그림, 병맛 이모티콘을 보면서 '나도 도전해볼까?' 하는 생각을 누구나 한 번쯤 해봤을 것입니다. 물론 운 좋게 자신의 이모티콘이 빠르게 상품화가 되고 인기를 끌수도 있지만, 꾸준히 인기 있는 이모티콘은 철저하게 기획하고 많은 시간을 들여 제작한 작품입니다.

필자는 도트 디자인이 유행하던 2000년대 초반에 피처폰 UI와 미니홈피, 아바타 등을 만들면서 이모티콘을 제작하고 플래시콘을 서비스한 경험이 있습니다. 이를 토대로 본격적으로 이모티콘을 제작해보았습니다. 그러나 결과는 참담했습니다. 처음에는 '승인이 안 될 수도 있지'라는 가벼운 마음으로 접근했는데, 몇 번 미승인 통보를 받다 보니 점점 자신감을 잃게 되었습니다. 내가 정성껏 만든 이모티콘은 탈락하고 병맛 이모티콘이 인기있는 것도 이해할 수 없었습니다. 그러다 어느 순간 스스로의 부족함을 발견했습니다. 필자는 예전 방식을 고집하면서 최근 트렌드를 따라가지 못했던 것입니다. 그래서 다른 방향에서 접근하기로 마음먹었습니다. 제작부터 판매까지의 과정은 결코 쉽지 않습니다. 이모티콘을 만들고 싶은 여러분에게 이 책이 좋은 길잡이가 되었으면 합니다.

2023년 6월
저자 **김영삼**

이제 본격적으로 카카오톡, 라인, 아이 메시지 등에 제안할 이모티콘을 기획해봅니다. 앞의 과정을 잘 참고하여 인기와 수익률이 높은 이모티콘을 기획합니다.

## 이모티콘 기획 과정 알아보기

## 이모티콘 주제 정하기

이모티콘의 주제를 정합니다. 평범한 감정 전달 이모티콘, 특정 사용자층을 겨냥한 이모티콘, 독특한 주제의 이모티콘, 개성 있는 이모티콘 등과 상황을 정합니다. 사람 캐릭터를 사용할 것인지, 동물 캐릭터인지, 특정 상대나 사물을 사용할 것인지 등 표현 방법에 대해서

### 이모티콘 작가가 되기 위한
## 이모티콘 기획 전략

승인되는 이모티콘을 제대로 기획하고 만드는 방법, 제안 방법의 핵심만 쏙쏙 뽑아 쉽고 친절하게 알려줍니다.

▲ 일러스트레이터의 내보내기 기능을 이용한 PNG 파일 추출

사용자에 따라 포토샵이나 아이패드의 프로크리에이트에서 이모티콘 원화 드로잉을 하는 경우가 있습니다. 하지만 포토샵이나 프로크리에이트는 비트맵 방식의 프로그램이기 때문에 이미지 크기를 조정할 때 이미지가 깨지는 현상이 일어날 수 있습니다. 또, 제안 파일 변환 과정에서 여러 번의 과정을 거쳐야 해서 복잡할 수 있습니다. 이모티콘 드로잉에는 드로잉 전문 프로그램인 일러스트레이터를 추천합니다.

### 포토샵을 활용한 이모티콘 제작

포토샵은 일러스트레이터와 함께 이모티콘 제작에서 가장 많이 사용하는 프로그램입니다. 이모티콘 드로잉, 멈춰 있는 이모티콘 제작, 움직이는 이모티콘 제작, 제안 파일 변환 등 포토샵을 활용해 작업할 수 있습니다.

① 직관적인 드로잉이 가능

### 알아두면 쓸모 있는
## 이모티콘 NOTE

이모티콘을 기획, 제작, 제안할 때 알아두면 좋은 유용하고 다양한 정보와 꿀팁을 소개합니다.

GIF 애니메이션 첫 프레임 수정하기

❶ 완성된 GIF 파일을 포토샵에서 열고 ❷ 핵심 장면인 타임라인의 마지막 장면을 선택합니다. ❸ 마지막 장면을 가장 앞으로 드래그하여 옮긴 후 다시 [파일]-[내보내기]-[웹용으로 저장] 메뉴를 클릭해 [GIF]로 저장합니다.

**작가처럼 생각하기** | 첫 장면은 가장 핵심적인 장면으로 설정

카카오톡, 아이 메시지 등에 GIF로 제안할 때는 첫 번째 장면이 핵심 장면이어야 합니다. 하지만 애니메이션을 만들다 보면 핵심 장면이 중간이나 맨 마지막에 나오는 경우가 많으므로 애니메이션을 다 만든 후 GIF상에서 첫 장면을 수정해야 합니다.

첫 장면                        핵심 장면

이렇게 만들어지면 사용자는 애니메이션의 첫 장면을 보게 되고, 어떤 내용의 이모티콘인지 알 수가 없습니다. 그래서 카카오톡, 아이 메시지는 GIF상에서 프레임 편집을 하고, 라인은 APNG 제작 시 수정해야 합니다.

창의력을 길러주는
**작가처럼 생각하기**

평범한 이모티콘이 아닌 독창적인 이모티콘을 기획할 때 참고할 수 있는 이모티콘 작가만의 창의적인 사고방식을 살펴봅니다.

 핵심 요약 노트

**1. 지금 가장 인기 있는 이모티콘 참고하기**
이모티콘 캐릭터도 팬덤이 형성되기 때문에 브랜드와 캐릭터성을 강조한 완성도 있는 캐릭터가 인기를 끄는 편입니다.

**2. 트렌드 및 시즌을 반영한 주제 정하기**
최근 신조어나 유행어 또는 특정 시즌에 사용할 수 있는 이모티콘 등도 많이 제작되고 있습니다.

**3. 특정 사용자층 겨냥하기**
직장인, 가족, 취미, 학생 등과 같이 현재 나의 상황이나 속마음을 대변해주고 공감할 수 있는 내용의 이모티콘으로 주제를 정합니다.

**4. 이모티콘이 사용될 메신저 앱 분석하기**
이모티콘 제작 시 다양한 언어로 제작해두면, 전 세계 다양한 메신저 앱을 통해 나의 이모티콘이 국내에 한정되지 않고 서비스될 수 있습니다.

**5. 통일감 있는 그림과 메시지 작성하기**
하나의 이모티콘 패키지를 제작할 때는 같은 그림체와 같은 주제로 제작합니다.

한번에 이해되는
**핵심 요약 노트**

이모티콘을 제작하며 익힌 내용을 한 번 더 짚어줍니다. 학습한 것이 기억나지 않을 때마다 핵심 요약 노트를 참고하세요.

이 책의 구성

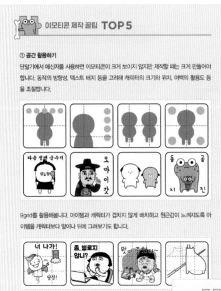

효과적으로 제작하는

## 제작 꿀팁 TOP 5

미리 알고 있어야 하는 이모티콘 제작 꿀팁을 살펴봅니다. 이 다섯 가지만 알아두어도 시행착오를 줄일 수 있습니다.

플랫폼에 알맞은

## 이모티콘 제안하기

카카오톡, 라인, 모히톡으로 나누어 각 플랫폼에 알맞은 이모티콘 제안 방법을 살펴봅니다. 비슷하지만 다른 가이드라인을 꼼꼼히 익히세요.

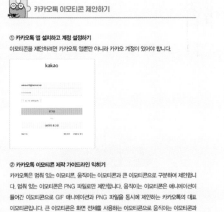

**이모티콘 TMI**

효율적인 폴더 관리 방법

이모티콘을 제작하다 보면 원본 파일을 비롯해 카카오톡 제안용, 라인 제
안용, 아이 메시지 제안용 등 많은 파일을 생성하게 됩니다. 여러 파일을
혼동하지 않고 간수하려면 폴더와 파일을 효율적으로 관리해야 합니다.

**1 카카오톡 이모티콘 폴더 및 파일 관리**

❶ 제작하고자 하는 이모티콘의 전체 폴더로, '카카오톡_◯◯◯◯'과 같이
폴더 이름을 붙입니다.

❷ 이모티콘 제작에 사용한 원본 파일로, 일러스트레이터의 AI 파일 또는
포토샵의 PSD 파일입니다.

❸ 24개의 이모티콘 제작 파일을 담은 폴더입니다. 보통 움직이는 이모티
콘을 제작할 때 사용하는 애니메이트 원본 FLA 파일 및 포토샵 원본
PSD 파일 등을 담습니다.

조금 더 알면 더 좋은

**이모티콘 TMI**

효율적인 폴더 관리 방법부터 움직이는
APNG 파일 제작까지, 사소하지만 놓
치지 말아야 할 이모티콘 정보를 살펴
봅니다.

**이모티콘 Q&A**

제작에서 상품으로 가는 질문 답변

Q 이모티콘은 어떻게 그리나요?

A 작가마다 제작 방법이 다릅니다. 손으로 그린 스케치를 스캔해 포토
샵으로 보정과 채색 작업을 하는 경우도 있고, 태블릿 등을 사용해 그
리는 경우도 있습니다. 대부분은 일러스트레이터와 포토샵을 이용해
그립니다. 무엇보다 자신이 표현하고자 하는 이모티콘의 특징을 잘
나타낼 수 있는 제작 방법을 찾는 것이 중요합니다.

Q 움직이는 이모티콘은 어떤 프로그램으로 만드나요?

A 이모티콘을 움직이게 하는 작업은 매우 어렵습니다. 대표적인 제작
프로그램은 포토샵, 애니메이트, 클립 스튜디오, 프로크리에이트 등
이 있습니다. 포토샵, 클립 스튜디오, 프로크리에이트는 드로잉한 이
미지를 바로 애니메이션으로 만들 수 있는 반면에 단순한 형태로 제
작이 됩니다. 애니메이트는 다이내믹한 애니메이션을 쉽게 만들 수
있는 애니메이션 전문 프로그램입니다. 각자 자신에게 맞는 프로그램
을 선택하는 것이 중요합니다.

더 궁금한 독자를 위한

**이모티콘 Q&A**

이모티콘 제작에서 상품으로 가는 질문
과 답변을 구성했습니다. 16가지 질문
과 답변으로 궁금증을 해소하세요.

한눈에 살펴보는 **이모티콘 제작 비법**

### 🧩 이모티콘, 어떻게 만들어야 할까?

이모티콘을 만들고 싶지만 어떻게 시작해야 할지 난감하다면 쓸모 있는 이모티콘 NOTE 에서 해답을 찾아보세요.

### 🧩 이모티콘 작가는 어떻게 생각할까?

이모티콘 제작에 서툰 초보자도 작가의 마인드로 생각해보는 연습을 합니다. 실제 작가의 노하우를 따라 해보며 자신만의 스킬을 만들어갑니다.

## 예제 파일 다운로드하기

이 책의 예제 파일은 한빛출판네트워크 홈페이지(www.hanbit.co.kr)에서 다운로드할 수 있습니다. 홈페이지에 접속하여 오른쪽 하단의 [자료실]을 클릭하고 도서명으로 검색한 후 [예제 소스]를 클릭해 다운로드합니다.

다운로드 단축 주소 www.hanbit.co.kr/src/11115

## 작가의 유튜브 채널 활용하기

저자가 직접 운영하는 유튜브 채널입니다. 이모티콘 기획부터 제작, 애니메이트 활용 등 교재에서 표현하지 못한 현장감 있는 강의 내용을 담았습니다.

유튜브 https://www.youtube.com/김영삼032cafe

## CHAPTER 01 이모티콘에 대한 모든 지식

**CHAPTER 02**    이모티콘 시작하기

목차

CHAPTER
03
이모티콘 제작을 위한 그래픽 툴 기초 다지기

## CHAPTER 04  도전! 실전 이모티콘 디자인

# CHAPTER 01

—

# 이모티콘에 대한 모든 지식

이모티콘 제작 전에 필수로 알아야 할 여러 사이트가 있습니다. 이모티콘 크리에이터 등록, 제작 가이드 확인 등 실제 이모티콘 제안 사이트와 이모티콘 제작에 도움이 되는 폰트나 자료를 얻을 수 있는 사이트입니다.

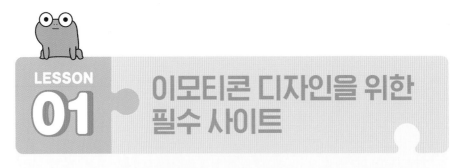

# LESSON 01 · 이모티콘 디자인을 위한 필수 사이트

이모티콘을 만들기 전에 참고할 만한 필수 사이트를 소개합니다. 필수 사이트는 즐겨찾기에 등록해두고 제작 중간 과정마다 참고합니다. 최신 트렌드 동향을 알 수 있어 많은 도움이 됩니다.

## 이모티콘 디자인 카페

필자가 운영하는 네이버 카페(https://cafe.naver.com/032cafe)입니다. 이모티콘 디자인, UX/UI 디자인, 앱/웹 디자인 등 필자의 오랜 노하우와 수고로 다양한 정보와 자료를 모았습니다. 이모티콘 실습 파일을 다운로드할 수 있고, 이모티콘 제작에 필요한 유튜브 동영상 강좌를 시청할 수 있습니다.

▲ 이모티콘 디자인 카페(https://cafe.naver.com/032cafe)

## 이모티콘 A to Z

필자가 직접 운영하는 유튜브 채널입니다. 이모티콘 기획부터 제작, 애니메이트 활용 등 교재에서 표현하지 못한 현장감 있는 강의 내용을 담은 채널입니다.

▲ 이모티콘 A to Z 유튜브 채널(https://www.youtube.com/김영삼032cafe)

## 카카오 이모티콘샵

국내 이모티콘의 유행을 이끌고 있으며 많은 이모티콘 작가들이 입점을 꿈꾸는 대표 이모티콘 숍입니다. 경쟁률이 치열해 입점하기는 어렵지만 한번 입점하면 별도의 IP(시리즈명, 고유 작가 번호)를 부여받고 카카오톡 이모티콘 작가로 활동할 수 있습니다.

▲ 카카오 이모티콘샵(https://e.kakao.com)

## 카카오 이모티콘 스튜디오

카카오톡에 이모티콘을 제안하는 사이트입니다. 카카오톡 이모티콘은 이모티콘 스튜디오를 통해 상품화가 진행됩니다. 승인이 완료되면 상품으로써 가치를 갖게 됩니다.

▲ 카카오 이모티콘 스튜디오(https://with.kakao.com/store/index)

## 카카오 이모티콘 비즈샵

카카오톡에서 제공하는 비즈니스를 위한 사이트입니다. 다양한 인기 이모티콘을 성별, 연령별로 분류해놓았습니다.

▲ 카카오 이모티콘 비즈샵(https://bizemoticon.kakao.com)

## 라인 크리에이터스 마켓

라인 스티커(이모티콘)는 라인 크리에이터스 마켓을 통해 이모티콘의 제안과
상품화가 이루어지고 스티커 스토어와 제작 가이드도 확인할 수 있습니다.

▲ 라인 크리에이터스 마켓(https://creator.line.me/ko)

## 페이팔

해외 전자 상거래에 필요한 사이트입니다. 라인 크리에이터스 마켓을 이용하기
위해서는 페이팔 계정이 필요합니다. 회원 가입을 할 때 'PayPal로 결제받기'를
선택합니다.

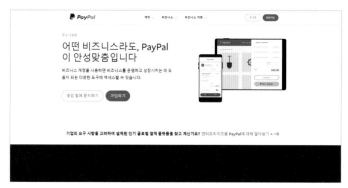

▲ 페이팔(https://www.paypal.com)

## tinyPNG

PNG, APNG, JPG 파일을 압축해주는 사이트입니다. 용량이 큰 PNG, APNG 파일을 드래그만 해도 화질의 저하 없이 최대한 압축할 수 있어 편리합니다.

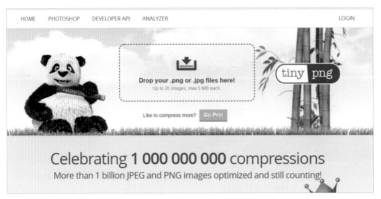

▲ tinyPNG(https://tinypng.com)

## 모히톡×스티커팜

국내 이모티콘 서비스 플랫폼입니다. 승인된 이모티콘을 삼성 갤럭시S, 아이메시지, 페이스북 메신저, 구글 익스텐션, 글로벌 프랜드, 잘로(베트남 메신저) 등 다양한 메신저에 서비스합니다.

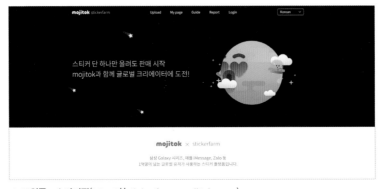

▲ 모히톡×스티커팜(https://stickerfarm.mojitok.com)

## 네이버 OGQ 마켓

네이버 OGQ 마켓은 글로벌 시장의 경험과 노하우를 가진 기업으로, 새로운 디지털 콘텐츠를 개발 및 운영합니다. 이모티콘 외에도 다양한 크리에이터들의 작품을 감상하고 구매할 수 있습니다.

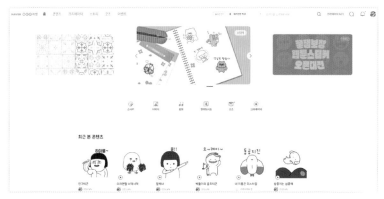

▲ 네이버 OGQ 마켓(https://ogqmarket.naver.com)

## 밴드 스티커샵

밴드는 다양한 모임 및 동호회 위주의 커뮤니티 서비스로, 밴드 스티커샵은 해당 커뮤니티에 어울리는 주제의 이모티콘을 제안하고 서비스합니다.

▲ 밴드 스티커샵(https://partners.band.us)

## 눈누

개인이 제작한 폰트부터 기업과 지역 단체에서 무료로 배포하는 폰트까지 이모티콘 제작에 필요한 다양한 폰트를 다운로드할 수 있습니다. 단, 폰트마다 사용 범위를 정하고 있으므로 반드시 확인하고 사용해야 합니다.

▲ 눈누(https://noonnu.cc)

 **핵심 요약 노트**

### 1. 이모티콘 디자인 카페에서 다양한 정보와 자료 다운로드하기

이모티콘 실습 파일과 제작에 관한 정보 및 필자의 노하우를 얻을 수 있습니다.

### 2. 이모티콘 A to Z 채널에서 동영상 강좌 시청하기

이모티콘 동영상 강좌가 매주 업데이트되고 있어 교재와 함께 보면 이해가 더욱 쉽습니다.

### 3. 국내 유행을 이끄는 카카오 이모티콘샵 공략하기

경쟁률이 치열해 입점이 어렵지만 일단 한번 입점하면 별도의 IP를 부여받고 카카오톡 이모티콘 작가로 활동할 수 있습니다.

### 4. 다양한 메신저에 서비스하는 모히톡×스티커팜 빼놓지 않기

아이 메시지, 페이스북 메신저, 구글 익스텐션, 글로벌 프랜드, 잘로 등에 서비스하는 플랫폼입니다.

# LESSON 02

## 이모티콘 제작 전, 프로그램과 장비 엿보기

필자가 가장 많이 받는 질문 중 하나는 '이모티콘을 제작할 때 어떤 프로그램과 장비를 사용해야 하나요?'입니다. 정해진 답은 없습니다. 자신이 익숙하게 잘 다룰 수 있는 프로그램을 사용하면 됩니다. 필자는 일러스트레이터와 포토샵을 기본으로 하며, 움직이는 이모티콘을 만들때는 포토샵, 애니메이트(플래시), 애프터 이펙트 등을 사용합니다.

## 제작부터 최종 PNG 파일까지 만들 수 있는 일러스트레이터

일러스트레이터는 캐릭터 디자인, 아이콘, 로고 등 벡터 기반의 대표적인 그래픽 프로그램입니다. 일러스트레이터에서 이모티콘을 제작할 수 있고, 스케치한 원화를 불러와서 작업할 수 있습니다. 24개의 이모티콘을 동시에 작업한 후 한번에 PNG 파일로 저장할 수도 있어 편리합니다. 편집이 쉽고 이모티콘의 선을 매끄럽게 그릴 수 있는 등 장점이 많은 프로그램입니다.

▲ 스케치한 원화를 불러와 매끄럽게 선을 정리한 이모티콘(일러스트레이터)

## 자연스러운 곡선과 GIF 애니메이션도 만들 수 있는 포토샵

포토샵은 일러스트레이터와 함께 가장 많이 사용하는 그래픽 프로그램입니다. 포토샵은 자연스러운 곡선과 개성 있는 브러시 표현으로 드로잉이 가능합니다. 또한 타임라인 기능을 활용해 움직이는 이모티콘의 GIF 애니메이션도 제작할 수 있어 간단한 움직임의 애니메이션을 쉽게 만들 수 있습니다.

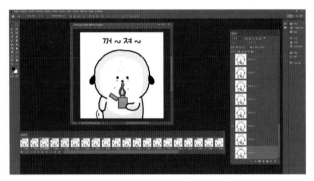

▲ 브러시를 이용한 자유로운 채색과 부드러운 선 처리의 이모티콘(포토샵)

## 움직이는 이모티콘을 만드는 데 꼭 필요한 애니메이트

애니메이트는 애니메이션을 전문으로 제작하는 프로그램으로, 기존의 플래시 사용자뿐만 아니라 초보자도 쉽게 고급 애니메이션을 만들 수 있습니다. 포토샵의 GIF 애니메이션보다 역동적이고 속도감 있는 애니메이션을 제작할 수 있습니다.

 알아두면 쓸모 있는 **이모티콘 NOTE** 이미지를 애니메이션으로 쉽게 만들기

일러스트레이터나 포토샵에서 만든 이미지를 애니메이트로 불러와 애니메이션을 제작할 수 있습니다. 벡터 이미지는 깨지지 않기 때문에 다양한 크기의 이모티콘 제작이 가능합니다. 또한 카카오톡 움직이는 이모티콘의 GIF 애니메이션과 라인 애니메이션 스티커의 APNG를 위한 시퀀스 제작도 쉽게 할 수 있습니다.

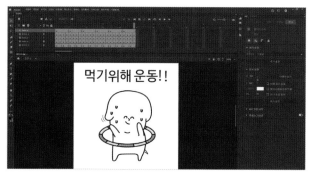

▲ 역동적이고 속도감 있는 이모티콘 제작(애니메이트)

## 고급 애니메이션을 만드는 애프터 이펙트

애프터 이펙트는 애니메이트와 함께 대표적인 애니메이션 제작 프로그램입니다. 동영상을 편집하고 다양한 효과를 줄 수 있으며 이모티콘과 같은 모션 그래픽 제작에도 많이 사용되는 장점이 많은 프로그램입니다. 반면에 메뉴가 많아 손에 익히는 데 시간이 걸리고 사용하기에도 다소 어렵다는 단점이 있습니다.

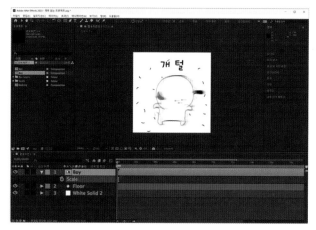

▲ 다양한 효과와 함께 움직이는 이모티콘 제작(애프터 이펙트)

## 아이패드를 활용한 프로크리에이트

프로크리에이트는 아이패드에서 드로잉을 할 수 있는 전문 드로잉 앱입니다. 애플 펜슬을 이용하면 다양한 브러시 선과 좀 더 직관적이고 자연스러운 이모티콘을 제작할 수 있습니다. 프로크리에이트는 이모티콘의 수정이나 애니메이션을 제작하는 데에는 조금 어려운 부분이 있어, 제작자의 드로잉 실력에 따라 이모티콘의 퀄리티가 좌우되기도 합니다.

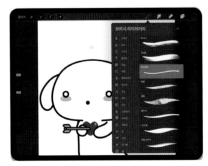

▲ 아이패드와 애플 펜슬을 이용한 이모티콘 제작(프로크리에이트)

## 손 그림을 그대로 옮기는 태블릿과 신티크

손 그림 느낌을 그대로 살려주는 장비로는 태블릿과 신티크가 있습니다. 태블릿은 실제 펜을 들고 그림을 그리듯 그립니다. 마우스로는 표현하기 힘든 곡선을 편하게 그릴 수 있고, 압력 감지를 이용해 선의 두께감을 자연스럽게 표현할 수 있습니다. 하지만 태블릿의 크기와 종류에 따라 모니터와의 유격이 생겨 정확한 표현이 어려울 때도 있습니다.

신티크는 모니터에 펜 마우스로 그림을 그릴 수 있는 장비입니다. 웹툰 작가나 일러스트 작가들이 많이 사용하는 장비로, 그리는 대로 모니터에 표현되기 때문에 그리고자 하는 느낌을 정확하게 표현할 수 있습니다. 하지만 값이 비싸고 장비를 설치해야 하므로 장소에 제약을 받습니다.

이런 장비들은 오랜 시간 많은 연습을 통해 익숙해져야 자신이 원하는 느낌의 이모티콘을 능숙하게 표현해낼 수 있습니다. 퀄리티 높은 자신만의 작품을 만들고자 한다면 꾸준한 연습을 해야 합니다.

▲ 태블릿

▲ 신티크

 핵심 요약 노트

### 1. 이모티콘 드로잉의 핵심인 일러스트레이터

다양한 기능을 이용한 이모티콘 드로잉부터 PNG 파일 내보내기 등을 활용할 수 있는 대표 프로그램입니다.

### 2. 자연스러운 드로잉과 채색, 애니메이션까지 가능한 포토샵

포토샵은 직접 드로잉 방식으로, 작가의 디테일한 터치감을 살릴 수 있는 드로잉과 움직이는 이모티콘인 GIF 애니메이션 제작까지 가능합니다.

### 3. 움직이는 이모티콘의 핵심은 애니메이트

애니메이트는 2D 애니메이션 전문 툴로, 다양한 기능을 활용한 고급 애니메이션을 제작할 수 있습니다. 움직이는 이모티콘 제작에 꼭 필요한 툴입니다.

### 4. 동영상 및 모션 캡처를 활용한 애프터 이펙트

동영상을 이용해 리얼한 움직임을 제작할 때는 애프터 이펙트를 활용할 수 있습니다.

### 5. 이모티콘 제작의 대세인 아이패드의 프로크리에이트

작가의 디테일한 터치와 직관적인 드로잉으로 최근 인기를 끌고 있는 툴입니다.

## 제작에서 상품으로 가는 질문 답변

### Q 이모티콘은 어떻게 그리나요?

A 작가마다 제작 방법이 다릅니다. 손으로 그린 스케치를 스캔해 포토샵으로 보정과 채색 작업을 하는 경우도 있고, 태블릿 등을 사용해 그리는 경우도 있습니다. 대부분은 일러스트레이터와 포토샵을 이용해 그립니다. 무엇보다 자신이 표현하고자 하는 이모티콘의 특징을 잘 나타낼 수 있는 제작 방법을 찾는 것이 중요합니다.

### Q 움직이는 이모티콘은 어떤 프로그램으로 만드나요?

A 이모티콘을 움직이게 하는 작업은 매우 어렵습니다. 대표적인 제작 프로그램은 포토샵, 애니메이트, 클립 스튜디오, 프로크리에이트 등이 있습니다. 포토샵, 클립 스튜디오, 프로크리에이트는 드로잉한 이미지를 바로 애니메이션으로 만들 수 있는 반면에 단순한 형태로 제작이 됩니다. 애니메이트는 다이내믹한 애니메이션을 쉽게 만들 수 있는 애니메이션 전문 프로그램입니다. 각자 자신에게 맞는 프로그램을 선택하는 것이 중요합니다.

## Q 태블릿이나 신티크를 꼭 사용해야 하나요?

A 태블릿과 신티크는 자연스러운 드로잉을 할 때 사용합니다. 당연히 이모티콘을 그릴 때 사용하면 효과적입니다. 하지만 장비만 있다고 좋은 그림을 그릴 수 있는 것은 아닙니다. 손에 익숙해질 때까지 꾸준하게 연습해야 원하는 결과를 얻을 수 있습니다. 두 가지 모두 고가의 장비이므로 구매 전에 사전조사를 충분히 하고 사용 장소 등을 고려해 구매합니다.

## Q 최근 아이패드의 프로크리에이트가 인기가 있는데 꼭 사용해야 하나요?

A 최근에는 아이패드를 이용한 프로크리에이트로 이모티콘을 제작하는 경우가 많습니다. 프로크리에이트를 이용한 이모티콘 제작에는 장단점이 있습니다. 캔버스에 직접 이모티콘을 그리기 때문에 자연스러운 그림과 손의 터치 느낌을 잘 살릴 수 있습니다. 또, 다양한 브러시의 제공으로 선의 질감도 그만큼 다양하게 표현할 수 있습니다. 하지만 그림의 수정이 어렵고 제작자의 역량에 따라 그림의 퀄리티가 달라질 수 있습니다. 이미지 변환, 애니메이션 제작 등은 PC의 포토샵이나 애니메이트에 비해 복잡하고 단순합니다. PC 버전의 일러스트레이터, 포토샵이나 프로크리에이트 등 자신에게 잘 맞는 장비와 소프트웨어를 사용하는 것이 중요합니다.

## 이모티콘 Q&A

**Q** 무료 폰트나 이미지를 사용해도 되나요?

**A** 웹에서 얻을 수 있는 무료 폰트나 무료 이미지는 누구나 사용할 수 있습니다. 하지만 개인적인 목적이 아닌 상업적인 목적으로 사용할 때는 문제가 발생할 수 있습니다. 사용 전에 반드시 매뉴얼을 참고하고, 상업적인 목적으로 사용할 경우에는 꼭 구매를 해야 합니다.

**Q** 유행어나 인터넷 신조어를 사용해도 되나요?

**A** TV나 영화, 개그 및 예능 프로그램, CF 등에서 사용하는 유행어는 '소리상표'라는 저작권을 가지고 있습니다. 즉, 무단으로 사용하면 저작권 침해가 됩니다. 특히 유행어를 말했을 때 특정 프로그램이나 인물이 떠오른다면 그 유행어는 절대 사용해서는 안 됩니다. 설령 특정 대상이나 인물이 떠오르지 않는 말이더라도 미처 몰랐던 저작권이 있을 수 있으니 반드시 꼼꼼히 확인해야 합니다.

**Q** 누구나 이모티콘을 만들어서 판매할 수 있나요?

**A** 네, 누구나 이모티콘을 만들어서 판매할 수 있습니다. 물론 제안한 모든 이모티콘이 판매로 이어지는 것은 아닙니다. 업체의 엄격한 심사를 통해 승인된 이모티콘만 상품화가 됩니다. 특히, 카카오톡 이모티콘은 제안자가 많아서 높은 경쟁률을 통과해야 합니다.

## Q 이모티콘은 제작부터 판매까지 얼마나 걸리나요?

A 각 플랫폼마다 제안과 승인 절차가 조금씩 다릅니다. 카카오톡은 승인되었다는 가정하에 승인부터 판매까지 약 2~3개월 정도 소요됩니다. 승인 후 1~2주 내에 전자계약이 이루어지고 1~3개월 동안 컬러 시안, 애니메이션 시안, 최종 완성 파일 등의 검수를 거쳐 판매가 이루어집니다. 라인은 카카오톡보다 진행 기간이 짧습니다. 처음부터 완성 파일을 제안한 후 1~3주 내에 승인 및 수정 절차를 거치고 모든 수정이 끝나면 바로 판매할 수 있습니다.

## Q 제안에서 탈락한 이모티콘을 다시 제안할 수 있나요?

A 한번 탈락한 이모티콘을 다시 제안한다면 결과는 불 보듯 뻔합니다. 제안 목록이 남아 있기 때문에 탈락한 이모티콘을 다시 제안하는 것은 좋지 않습니다. 하지만 이모티콘을 수정하여 제안한다면 다른 결과를 얻을 수도 있습니다. 카카오톡은 미승인 사유를 알려주지 않으므로 본인이 잘 판단하여 수정해야 합니다. 라인은 떨어진 사유나 수정할 내용을 알려주므로 수정 사항을 적용하여 바로 다시 제안할 수 있습니다.

 **이모티콘 Q&A**

**Q 카카오톡에 제안한 이모티콘을 라인에 제안할 수 있나요?**

**A** 이모티콘의 저작권은 제작자가 가지고 있으므로 다른 플랫폼에 제안할 수 있습니다. 단, 카카오톡 또는 라인에서 개별적인 프로모션(홍보 및 마케팅, 이모티콘 할인)에 사용한 이모티콘은 다른 플랫폼 제안에 제약을 받을 수 있습니다.

**Q 이미 승인된 이모티콘을 조금 다르게 만들어서 판매할 수 있나요?**

**A** 이모티콘을 판매하고 있는 작가라도 처음부터 다시 제안해야 합니다. 단, 승인된 이모티콘은 고유 시리즈명을 가지기 때문에 같은 시리즈 명으로 제안할 수 있습니다. 기존 이모티콘이 어느 정도 지명도가 있고 매출도 발생했다면 처음 제작하는 이모티콘보다는 시리즈로 제안한 이모티콘이 승인될 확률이 훨씬 높습니다.

**Q 카카오톡 이모티콘 승인 후 어떤 과정을 거치나요?**

**A** 카카오톡은 제안을 받으면 보통 2주 후에 해당 메일로 승인/미승인 통보를 합니다. 승인이 되면 일주일 내에 '다날 엔터테인먼트' 담당자에게 계약 및 향후 진행에 대한 메일을 받습니다. 공인 인증서를 통한 전자계약을 하고 별도의 관리자 페이지와 고유 IP를 부여받은 후 관

리자 페이지를 통해 컬러 시안을 올리고 수정을 진행합니다. 컬러 시안이 통과되면 애니메이션(움직이는 이모티콘) 시안을 제작하는데, 이때는 24개 모두 제공해주는 전용 소프트웨어를 이용해 움직이는 파일을 만듭니다. 애니메이션 시안도 통과되면 최종 파일을 만듭니다. 섬네일, 리스트 이미지, 선물하기 이미지, 이모티콘 내용 등을 제작하면 모든 작업이 마무리됩니다. 보통 1~3개월의 대기 기간이 지난 후 판매 일정이 잡히면 판매를 시작하게 됩니다. 이후 관리자 페이지를 통해 매일 판매량과 수익을 확인할 수 있고 2개월 후 정산을 받습니다.

## 🇶 라인 스티커는 제안 후 바로 판매할 수 있나요?

🇦 라인은 완성 파일을 제안하므로 1~2주 내에 수정 또는 승인 메시지를 받게 됩니다. 수정이 발생할 경우 그 내용을 알려주며 수정한 파일을 다시 제안하면 됩니다. 문제가 없으면 바로 승인이 이루어지고 판매할 수 있습니다. 라인도 [라인 크리에이터스 마켓]의 [마이 페이지]를 통해 판매량과 수익을 확인할 수 있습니다. 매달 판매 수익 정산이 이루어지고 등록된 페이팔 계좌를 통해 정산받을 수 있습니다.

Q 판매하는 이모티콘을 개인적으로 홍보할 수 있나요?

A 유명 이모티콘 작가나 잘 알려진 캐릭터는 카카오톡에서 자체적으로 홍보 및 프로모션을 진행합니다. 하지만 모든 이모티콘을 홍보하는 것은 아니며 작가가 개인적으로 홍보할 것을 권장하고 있습니다. 주로 개인 SNS를 통해 홍보하고, 자비를 들여 팬시 및 다양한 굿즈를 제작하여 홍보하기도 합니다. 단, 개인적인 홍보 시 카카오톡 문구는 사용할 수 있지만 저작권 등의 이유로 카카오톡 로고나 이미지는 사용할 수 없습니다.

Q 이모티콘을 판매한 후 판매 수익은 어떻게 받나요?

A 카카오톡은 승인 후 전자계약을 체결하는데, 이때 계약서와 통장을 등록합니다. 관리자 페이지를 통해 매일 판매 수익을 확인할 수 있고, 판매를 시작한 시점으로 2개월 후 정산이 이루어집니다. 총 판매 수익에서 스토어 수수료 30%를 제외하고 카카오톡과 작가 간의 수익을 배분합니다. 라인은 페이팔 계정을 통해 매달 수익 배분이 이루어지며 정산 신청을 하면 45일 후에 등록된 페이팔 계좌로 수익금이 입금됩니다. 라인의 수익 배분도 카카오톡과 유사합니다.

※ 개인 및 사업자에 따라 계약 내용과 수익 배분에 차이가 있습니다.

**Q** 이모티콘 제작을 체계적으로 배울 수 있는 곳이 있나요?

**A** 몇몇 교육기관과 단체에서 주기적으로 진행하는 이모티콘 제작 과정이 있습니다. 또한, 온라인 커뮤니티에서 소규모로 진행하는 강좌도 있으니 적극적으로 알아봅니다. 필자 역시 직접 강의하는 단기 정규 과정부터 초보자를 위한 장기 과정까지 다양한 오프라인 강좌를 열어 놓고 있습니다. 강좌 정보와 내용은 필자의 SNS(https://www.facebook.com/032cafe) 또는 카페(https://cafe.naver.com/032cafe)를 통해 확인합니다.

# CHAPTER 02

—

# 이모티콘 시작하기

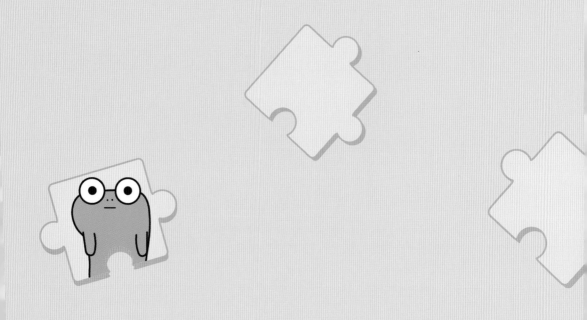

이모티콘을 제작하기 전에 유행하는 이모티콘을 분석하고 기획, 스케치 및 표현 방법에 대해 알아봅니다. 카카오톡, 라인, 아이 메시지&페이스북 메신저 등 이모티콘을 사용하는 메신저별 제안 방법과 가이드라인도 빼놓지 않습니다.

# 이모티콘, 그것이 알고 싶다!

이모티콘을 만들기 전에 먼저 이모티콘이 무엇인지부터 알아봅니다. 이모티콘이 발전해온 과정을 이해하고 이모티콘의 의미와 기획 방향에 대해 알아봅니다. 또한 앞으로 어떻게 변화할지에 대해서도 상상하고 예측해봅니다.

## 이모티콘의 발전 과정

이모티콘은 감정을 의미하는 Emotion과 기호를 나타내는 Icon의 합성어입니다. 컴퓨터 및 휴대전화 초창기에 아스키(ASCII) 문자를 이용하여 감정을 전달한 데서 유래했습니다. 최근에는 다양한 애니메이션과 그래픽을 통해 여러 주제와 개성을 선보이며 감정 전달 문화로 자리매김하고 있습니다.

:-) 또는 :) 스마일
:-( 찡그린 얼굴
;-) 윙크
:-p 야유

▲ 초창기 아스키(ASCII) 문자   ▲ 3D 기법을 활용한 스마일리   ▲ 이모티콘

아스키 문자를 활용한 이모티콘(아스키 코드, ASCII ART)은 인터넷 통신이 먼저 발달한 서양권에서 시작됐습니다. 시계 반대 방향으로 90° 얼굴이 돌아간 형태로, 몇 개의 기호들만 조합해 감정을 표현했습니다. 사용한 기호의 가짓수가

많지 않아 아주 단순한 몇 개의 표정만 전달할 수 있었습니다. 이런 문자 조합은 일본에서 특수문자와 줄 간격을 이용한 구체적인 이미지 표현으로 발전하였고, '모나[モナー] 아트' 등의 명칭으로 불렸습니다.

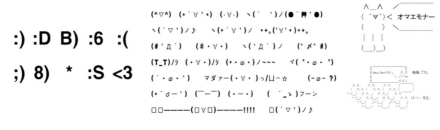

▲ 아스키(ASCII) 문자 이모티콘    ▲ 일본의 아스키 문자 이모티콘                    ▲ 모나 이모티콘

1990년대에 국내에서는 하이텔, 천리안, 나우누리 등과 같은 PC 통신이 유행하며 아스키 문자 이모티콘이 활발하게 사용됐습니다. '강퇴', '하이루', '방가방가' 등의 인터넷 용어도 이 시기에 등장했습니다.

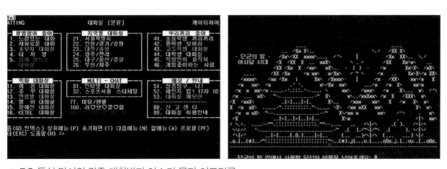

▲ PC 통신 당시의 각종 대화방과 아스키 문자 이모티콘

인터넷이 대중화된 2000년대 초반은 PC 메신저의 전성시대이기도 했습니다. 세이클럽(SayClub), 버디버디(buddyBUDDY), MSN, 네이트온(NateOn) 등이 대표적입니다. 이때부터 국내에서도 그래픽 이모티콘이 활발하게 사용되었고, 메시지 전달에 활용하는 이모티콘뿐만 아니라 자신의 상태를 나타내는 프로필 아바타도 유행하기 시작했습니다.

▲ 자신의 상태를 나타내는 아바타　　▲ PC 메신저용 이모티콘　　▲ 현재의 이모티콘

## 지금은 이모티콘 전성시대

현대인과 뗄 수 없는 스마트폰은 특히 온라인상에서 제2의 자신을 표현해주는 필수품이 되었습니다. 그 결과 개개인의 감정을 표현할 수 있는 다양한 주제의 이모티콘이 계속해서 만들어졌고, 미묘하고 섬세한 감정 표현도 이모티콘 하나로 전달할 수 있게 됐습니다.

▲ 트렌드, 인기 기반의 이모티콘('딸랑이는 집에서도 딸랑딸랑', '로꾸꺼~개구리', '응원티콘', '생일축하토퍼
　콘', '가보자고! 열정 찌바!', '와다다다! 작아져버린 곰' 등)

이처럼 다양한 표현이 가능해진 데는 카카오톡, 라인 등의 메신저에서 일반인도 이모티콘을 제작해서 판매할 수 있는 페이지를 마련해둔 덕분입니다. 일반인의 참여가 이루어지면서 독특한 소재와 이색적인 주제를 담은 이모티콘이 더 많이 등장할 수 있었습니다.

▲ 다양한 주제와 표현 기법을 활용한 이모티콘('와글와글 고심이', '말투왜그래인터넷많이하는사람같아', '누누씨 인생은 두컷만화')

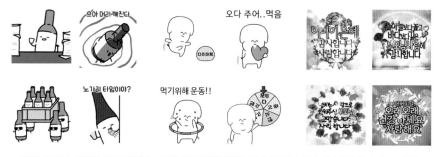

▲ 특정 주제로 제작한 이모티콘('술기로운 알콜생활', '먹을 것에 진심인 딸랑이', '사랑과 감사 토퍼콘')

 핵심 요약 노트

### 1. 이모티콘의 발전

한정된 몇 개의 기호로만 조합해 만든 아스키 문자 이모티콘부터 최근 다양한 표현 기법과 주제의 이모티콘들이 서비스되고 있습니다.

### 2. 지금은 이모티콘 전성시대

단순 메시지 전달의 이모티콘에서 점차 자신의 미묘한 감정과 상황을 개성 있게 표현하는 이모티콘으로 발전하고 있습니다.

# 기획의 시작은 시장조사

이왕이면 작가의 마인드로 이모티콘을 기획해봅니다. 먼저 어떤 이모티콘이 왜 인기가 있는지 찾아보고, 나름대로 분석해봅니다. 시장에서 성공할 수 있는 이모티콘 제작을 위해 기획의 첫 걸음을 시작합니다.

## 지금 가장 인기 있는 이모티콘 참고하기

이모티콘의 유행은 사회적 환경과 밀접하며, 아주 빠르게 변합니다. 즉, 현재 서비스되는 이모티콘은 지금의 우리의 관심사와 맞닿아 있고, 트렌드를 가장 잘 반영하고 있습니다.

 알아두면 쓸모 있는 **이모티콘 NOTE** ◆ **익숙한 것을 따르는 사용자들**

사용자 경험(User Experience, UX)의 측면에서 볼 때, 일반적으로 사용자들은 익숙한 서비스를 따릅니다. 카카오톡, 라인에서 인기 있는 이모티콘을 분석하고 그 느낌과 감성을 비슷하게 제작해봅니다. 이모티콘 사용자들의 관심과 흥미를 끄는 좋은 방법입니다.

이모티콘이 등장한 초기에는 귀엽고 아기자기한 캐릭터가 대세였습니다. 요즘에는 주제가 대체로 단순하고 일반적이며, 일러스트의 수준을 요하는 그림이 많아졌습니다. 이런 이모티콘을 제작하려면 완성도 있는 캐릭터를 개발해야 합니다.

▲ 캐릭터 중심 이모티콘('시고르 리트리버 댕댕라이프', '잔망 루피', '와다다다! 작아져버린 곰')

선을 간략하게 처리하고 최소한의 색을 사용해 캐릭터 자체를 단순화합니다. 이모티콘을 처음 제작하거나 그래픽 실력이 조금 부족한 일반인이 접근하기가 쉬워졌고, 이로 인해 시험적인 접근 방식으로 단순하게 표현한 이모티콘이 등장했습니다. 캐릭터의 개성을 살리면서 간략하고 직관적으로 표현하게 된 것이 포인트입니다.

▲ 시험적인 접근 방식으로 단순하게 표현한 이모티콘('공주티콘', '누리꾼의 반응', '찌그렁 오리')

인기 이모티콘은 계속 바뀝니다. 급격히 바뀌기보다는 유행하고 있는 이미지에 변화가 더해집니다. 이런 변화 양상을 이해하고, 인기 있는 이모티콘을 수시로 챙겨보고 변화에 민첩하게 대응해야 합니다. 앞으로의 유행은 여러분이 만들어 나갈 수도 있습니다.

## 트렌드 및 시즌을 반영한 주제 정하기

이모티콘은 유행에 민감하고 사회 트렌드를 바로 반영합니다. 최근에 등장한 신조어나 유행어 또는 특정 시즌에 사용할 수 있는 아이템들이 이모티콘으로 제작되기도 합니다.

▲ 트렌드 및 시즌을 반영한 이모티콘('킹받게 얄미운 어쩔티콘', '슬기로운 온라인 생활', '신조어 쓰는 MZ 냥냥이')

 알아두면 쓸모 있는 **이모티콘 NOTE** ◆ **트렌디한 이모티콘은 타이밍이 있다?**

트렌드를 반영한 이모티콘을 제작할 경우 꼭 유의할 사항이 있습니다. 카카오톡의 경우 제안부터 최종 서비스까지 최소 1~3개월 정도 시간이 걸립니다. 이 시간은 빠르게 변화하는 트렌드를 이모티콘에 반영하기에는 매우 짧습니다. 해당 이슈가 시들해지면 이모티콘의 인기도 오래가지 않기 때문에 트렌드를 반영한 이모티콘을 제작할 때는 빠른 분석과 진행이 필수입니다.

## 특정 사용자층 겨냥하기

특정 사용자층을 겨냥한 이모티콘도 좋은 기획 아이템입니다. 예를 들어 '자녀와 대화하고픈 부모', '상사에게 아부해야 하는 직장인', '혼자 놀기의 달인 자취생' 등과 같이 구체적인 사용자층을 대상으로 합니다. 속마음을 직설적으로 드러내는 내용이나 특정 상황에 들어맞는 대화 등을 주제로 삼아 제작합니다. 해당 사용자층 특유의 감성과 공감할 수 있는 에피소드 등을 잘 표현한다면 그 안에서 폭발적인 인기를 끌 수 있습니다.

▲ 특정 사용자층을 겨냥한 이모티콘('울 딸이랑 나는 붕어빵 모녀', '자본주의의 딸랑이', '자취생은 혼자서도 잘 놀아요')

## 이모티콘이 사용될 메신저 앱 분석하기

다양한 메신저 가운데 어떤 메신저에서 사용할 이모티콘인지에 따라 주제 설정 방향과 표현 방식을 다르게 할 수 있습니다. 국내에서는 카카오톡을 주로 사용하지만, 다른 메신저도 많이 있으므로 시야를 넓혀 이모티콘 제작 기획에 적극적으로 참고합니다.

- 페이스북 메신저(점유율 64.4%)
- 스냅챗(점유율 13.6%)
- 왓츠앱(점유율 13.6%)
- 위챗(점유율 4.9%)
- 텔레그램(점유율 1.5%)

▲ 전 세계 메신저 사용 순위(출처: 조선일보, 2022년)

▲ 국내 메신저 사용 순위(1위 카카오톡, 2위 페이스북 메신저, 3위 라인, 4위 텔레그램)(출처: 헤럴드 경제, 2021년)

나라별로 사용하는 메신저를 보면 카카오톡의 경우는 국내에서의 사용 비율이 압도적이지만 세계적으로 보면 사용량이 많지 않습니다. 그 외 페이스북 메신저가 왓츠앱을 인수하면서 국내에도 사용자가 많아졌고, 라인은 일본과 동남아시아 쪽에서 많이 사용하는 메신저이지만 최근 국내 사용자도 꾸준히 늘고 있습니다. 이모티콘 크리에이터로 활동하면 국내뿐 아니라 전 세계로 자신이 만든 이모티콘이 서비스될 수 있기 때문에 국내에 한정하지 않고 넓은 영역에서 활동할 수 있습니다.

### 👀 작가처럼 생각하기 ● 각 나라 언어에 맞게 이모티콘 만들기

카카오톡은 국내 사용자, 라인은 일본 사용자, 페이스북과 아이 메시지는 영어권 사용자가 많습니다. 같은 이모티콘이라도 각 메신저 특성에 맞는 언어로 제작하여 서비스합니다.

▲ 카카오톡 제안용 이모티콘  　　▲ 라인 제안용 이모티콘

▲ 페이스북/아이 메시지 제안용 이모티콘

▲ 일본의 웃음 표현
'wwww'

▲ 일본의 '헐, 대박'과 같은 표현
'やばい'

▲ 영어권의 웃음 표현
'loooooool'

▲ 영어권의 구시렁 표현
'blah. blah'

 알아두면 쓸모 있는 **이모티콘 NOTE** ◀ 이모티콘 제작 단계에 따른 메시지 작성

이모티콘 한 세트 제작을 완료했다면 카카오톡 → 라인 → 아이 메시지/페이스북 메신저의 순으로 제안을 넣는 것이 바람직합니다. 이때 국내용과 해외용으로 구분하여 메시지를 작성하는 것이 중요한데, 카카오톡은 국내 사용자가 많으므로 한글을 주로 사용하고, 이를 라인용으로 변환할 때는 일본어 텍스트로 바꾸는 것이 좋습니다. 전체적으로 텍스트를 많이 사용하지 않는 페이스북과 아이 메시지용으로 변환할 때는 'good', 'ok'와 같이 나라에 상관없이 대다수가 알 수 있는 기본적인 표현만 사용하는 것이 좋습니다.

## 통일감 있는 그림과 메시지 작성하기

이모티콘을 제안한 후 메신저 업체에서 가장 많이 받는 수정 사항 중 하나가 통일감을 지켜달라는 것입니다. 고양이를 주제로 한 다음의 예를 보면 어떤 쪽이 통일감이 있는지 한눈에 알 수 있습니다.

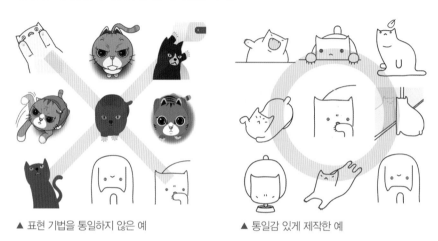

▲ 표현 기법을 통일하지 않은 예                ▲ 통일감 있게 제작한 예

메시지를 전달하는 텍스트도 통일성이 있어야 합니다. 일반적인 메시지 전달용인지, 특정 사용자층이나 차별화된 주제를 다루는 용도인지에 따라 텍스트 구성을 다르게 하는 것이 좋습니다.

▲ 신조어, 줄임말, 일반 메시지가 섞여 있는 메시지    ▲ 특정 주제에 맞게 통일된 메시지

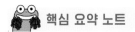 **핵심 요약 노트**

### 1. 지금 가장 인기 있는 이모티콘 참고하기

이모티콘 캐릭터도 팬덤이 형성되기 때문에 브랜드와 캐릭터성을 강조한 완성도 있는 캐릭터가 인기를 끄는 편입니다.

### 2. 트렌드 및 시즌을 반영한 주제 정하기

최근 신조어나 유행어 또는 특정 시즌에 사용할 수 있는 이모티콘 등도 많이 제작되고 있습니다.

### 3. 특정 사용자층 겨냥하기

직장인, 가족, 취미, 학생 등과 같이 현재 나의 상황이나 속마음을 대변해주고 공감할 수 있는 내용의 이모티콘으로 주제를 정합니다.

### 4. 이모티콘이 사용될 메신저 앱 분석하기

이모티콘 제작 시 다양한 언어로 제작해두면, 전 세계 다양한 메신저 앱을 통해 나의 이모티콘이 국내에 한정하지 않고 서비스될 수 있습니다.

### 5. 통일감 있는 그림과 메시지 작성하기

하나의 이모티콘 패키지를 제작할 때는 같은 그림체와 같은 주제로 제작합니다.

# LESSON 03

# 승인율 높은 이모티콘 기획하기

이제 본격적으로 카카오톡, 라인, 아이 메시지 등에 제안할 이모티콘을 기획해봅니다. 앞의 과정을 잘 참고하여 인기와 수익률이 높은 이모티콘을 기획합니다.

## 이모티콘 기획 과정 알아보기

## 이모티콘 주제 정하기

이모티콘의 주제를 정합니다. 평범한 감정 전달 이모티콘, 특정 사용자층을 겨냥한 이모티콘, 독특한 주제의 이모티콘, 개성 있는 이모티콘 등 전체적인 주제와 상황을 정합니다. 사람 캐릭터를 사용할 것인지, 동물 캐릭터를 사용할 것인지, 특정 상태나 사물을 사용할 것인지 등 표현 방법에 대해서도 생각합니다. 멈춰 있는 이모티콘과 움직이는 이모티콘은 제작 방식과 가이드가 다르므로 반드시 먼저 정하고 진행해야 합니다. 초보자에게는 멈춰 있는 이모티콘을 권합니다.

| 멈춰 있는 이모티콘 | • 한 장의 이미지로 의미를 전달하는 이모티콘<br>• 모든 내용을 한 컷 안에서 표현할 수 있도록 구성 |
| --- | --- |
| 움직이는 이모티콘 | • 최대 24장의 연속된 이미지를 애니메이션화해 만드는 이모티콘<br>• 애니메이션 안에 다양한 스토리와 메시지를 담을 수 있도록 구성 |

## 이모티콘 제목 정하기

전체 콘셉트와 주제를 정했다면 제목을 짓습니다. 최근에는 다양하고 재미있는 제목이 등장하면서 이모티콘 제작과 인기에 제목도 중요한 구성 요소가 되었습니다.

시고르 리트리버 댕댕라이프

한국말은 끝까지 들어야 해

커플 망그러진 곰

딸랑이는 집에서도 딸랑딸랑

굳이? 내가? 너랑? 거절티콘

말투왜그래인터넷만이하는사람같아

모찌모찌 움직이는 모모냥

케장콘

난 뚱뚱한게 아니라, 뚠뚠한거야

토심이는 토뭉이 뿐이야

빡치는 답장

▲ 기발한 이모티콘 제목들

카카오톡, 라인 등에 이모티콘을 제안할 때는 제목도 표기해야 합니다. 참고로 카카오톡은 승인 후에 논의하여 제목을 변경할 수 있지만, 라인은 변경할 수 없으므로 최대한 신중하게 정해야 합니다. 라인은 국내보다 해외 서비스가 많기 때문에 영어, 일본어, 한국어 등 언어를 추가할 수 있습니다. 따라서 영어, 일본어로 의미가 잘 번역되는 제목으로 정해야 합니다.

## 이모티콘 내용 정리하기

이모티콘의 내용도 제안서에 입력해야 합니다. 처음 기획했던 주제와 의도가 잘 드러나도록 내용을 정리합니다. 카카오톡은 제목과 내용은 200자 이내로 작성하고 작가명을 입력합니다. 라인은 160자 이내로 작성해야 합니다. 특히 라인은 영어, 일본어 등을 입력하기 때문에 번역했을 때 의미가 맞는 내용으로 간단히 작성합니다.

| | | |
|---|---|---|
| **카카오톡** | 제목 | 열일하는 액션맨 |
| | 내용 | 열일하는 액션맨 표지판 시리즈로, 일상생활에서 사용하거나 연인끼리 주고받을 수 있는 다양한 메시지를 금지와 주의 표지판을 이용해 재미있게 표현했습니다. 원색 위주로 간략하게 표현하여 가독성을 좋게 하였고, 향후 다양한 시리즈로 활용 가능합니다. |
| | 작가명(국문)<br>작가명(영문) | 버터 고구마<br>Butter GOGUMA |
| **라인** | 제목(영어)<br>내용(영어) | Action Man's Signs Series<br>Various expressions using signs |
| | 제목(일본어)<br>내용(일본어) | アクションマンの標識シリーズ<br>標識を利用した様々な感情表現 |
| | 제목(한국어)<br>내용(한국어) | 액션맨의 표지판 시리즈<br>표지판을 이용한 다양한 감정 표현 |

## 24개의 메시지 작성과 캐릭터 스케치하기

본격적으로 24개의 메시지를 작성합니다. 이모티콘은 텍스트 없이 캐릭터의 표정과 동작, 이미지의 느낌만으로 감정과 의미를 전달하는 것이 가장 좋습니다. 최근에는 다양한 주제와 독특한 형식의 이모티콘이 많이 등장하면서 텍스트를 적절히 사용하기도 합니다. 가장 중요한 점은 주제에 맞도록 통일감 있게 표현하는 것입니다.

카카오톡은 총 24개, 라인은 8/16/24/32개, 아이 메시지는 8개 이상으로 구성하는데, 추후 수정이나 교체를 할 경우에 대비해 여유 있게 작성하는 것이 좋습니다.

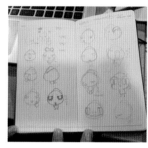

▲이모티콘 디자인 스케치

 핵심 요약 노트

### 1. 전체적인 상황과 주제 먼저 정하기
독특한 콘셉트(특정 사용자, 개성 있는 주제 등)를 살린 이모티콘 주제를 정합니다.

### 2. 재미있고 기발한 제목 신중하게 정하기
유행하는 신조어나 뉘앙스를 참고하여 개성 있고 재미있는 이모티콘 제목을 만듭니다.

### 3. 카카오톡, 라인 등 가이드에 맞게 이모티콘 내용 정리하기
이모티콘 등록 시 필요한 내용(제목, 작가명, 내용 등)을 꼼꼼하게 준비합니다. 특히 라인은 해외 서비스까지 이루어지기 때문에 다양한 언어로 준비합니다.

### 4. 멈티는 32개, 움티는 24개의 메시지와 스케치하기
하나의 이모티콘 패키지에는 멈티는 32개, 움티는 24개의 메시지가 필요합니다. 일상에서 많이 사용할 만한 메시지를 미리 정리해야 통일된 이모티콘을 제작할 수 있습니다.

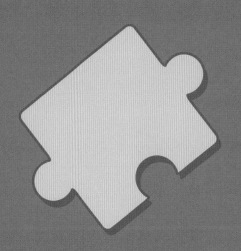

# 이모티콘
# 제작 꿀팁
# TOP 5

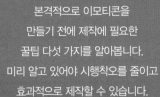

본격적으로 이모티콘을
만들기 전에 제작에 필요한
꿀팁 다섯 가지를 알아봅니다.
미리 알고 있어야 시행착오를 줄이고
효과적으로 제작할 수 있습니다.

이모티콘 제작 꿀팁 **TOP 5**

### ① 공간 활용하기

단말기에서 메신저를 사용하면 이모티콘이 크게 보이지 않지만 제작할 때는 크게 만들어야 합니다. 동작의 방향성, 텍스트 배치 등을 고려해 캐릭터의 크기와 위치, 여백의 활용도 등을 조절합니다.

9grid를 활용해봅니다. 아이템과 캐릭터가 겹치지 않게 배치하고 원근감이 느껴지도록 아이템을 캐릭터보다 앞이나 뒤에 그려보기도 합니다.

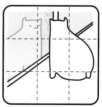

캐릭터, 아이템, 텍스트를 모두 넣으면 각 요소가 겹칠 수 있습니다. 텍스트에 외곽선을 넣어 배경과 구분되게 합니다.

## ② 컬러에 자신이 없다면 선 위주로 표현하기

색을 사용하는 일에 부담을 느낀다면 선과 면만으로 감각적인 이모티콘을 만들 수 있습니다.

▲ 선 위주로 표현한 이모티콘('딸랑이는 집에서도 딸랑딸랑', '오둥이입니다만', '게임덕 장돌이의 일상', '직장
  인 생활백서', '아기 갱아지입니다', '옴팡지게 기어어 옴팡이')

## ③ 꾸준한 아이템을 하찮게 여기지 말기

한결같이 사랑받는 아이템은 디테일하게 표현된 귀여운 캐릭터 이모티콘입니다. 단순하지
만 색상을 다양하게 쓰고, 명암과 원근감 등을 세심하게 적용한 이모티콘입니다.

▲귀엽고 디테일한 꾸준템 이모티콘('쥐방울은 재롱뿜뿜', '큰마음 큰생각 바른생활', '바쁘개찌만 이뿌개 잘 부타개', '나애미와 화끈후끈 톡', '귀욤팡팡 뚱이', '알콩달콩한 한쌍의 바퀴벌레 커플')

## ④ 효과 아이템을 제대로 활용하기

텍스트, 동작선(스크래치선), 번쩍 효과 등을 사용해 결과물의 완성도를 높입니다. 가장 기본적인 효과는 움직임의 방향이나 속도 등을 표현하기 위해 사용하는 선으로, 스크래치선 또는 동작선이라고 합니다.

① 화면에 집중하게 하거나 역동적인 연출을 할 때 많이 사용하는 중앙 집중선입니다. 웹툰에서 많이 볼 수 있는 효과입니다.

② 심한 충격이나 격한 감정을 표현할 때 많이 사용하는 '번쩍' 효과입니다.

③ 캐릭터가 움직일 것을 고려해 다음 동작을 반투명하게 처리해 표현합니다.

④ 거세게 내리는 비를 연출하기 위해 빗방울이 부딪혀 튕긴 모습을 표현했습니다.

### ⑤ 변화무쌍한 표정을 적용하기

이모티콘 캐릭터의 가장 중요한 핵심은 생동감 있는 표정 변화입니다. 눈썹의 모양, 눈매의
모양, 코의 모양, 입의 모양, 얼굴 형태 등을 꼼꼼히 체크하여 각각의 특징을 뽑아내는 것이
중요합니다. 특히 눈썹의 모양만으로도 다양한 표정을 만들 수 있습니다.

눈을 표현하는 방법은 정말 다양합니다. 눈의 모양, 눈동자의 모양, 감정을 연출하는 다양한
표정 처리가 포인트입니다.

표정 변화를 극대화하기 위해 그림자, 땀, 눈물, 반짝이 등을 적절히 사용하는 것도 좋습니다. 캐릭터의 표정은 과장되고 극적으로 표현해야 그 느낌을 더 잘 살릴 수 있습니다.

캐릭터를 살짝 측면으로 그리면 더 입체감 있게 표현됩니다.

 알아두면 쓸모 있는 **이모티콘 NOTE**  상반신을 이용한 이모티콘

캐릭터의 표정으로 메시지를 표현하고자 할 때는 캐릭터의 상반신이나 얼굴만 사용하는 것이 효과적입니다. 미묘한 감정을 과감하게 표현해 재미를 더할 수 있고, 직관적인 전달이 가능합니다.

# CHAPTER 03

—

# 이모티콘 제작을 위한 그래픽 툴 기초 다지기

이모티콘 제작에 필요한 프로그램의 기초 기능을 익혀보겠습니다. 포토샵, 일러스트레이터, 애니메이트의 기본 사용법을 익히고, 이모티콘 제작에 필요한 핵심적인 기능을 습득할 수 있도록 실습 위주로 구성했습니다. 실습을 따라해본 후 유튜브 동영상 강좌도 참고합니다.

# LESSON 01 이모티콘 제작에 필요한 그래픽 프로그램

이모티콘을 제작하기에 앞서 어떤 프로그램으로 이모티콘을 완성할 수 있는지에 대해 멈춰 있는 이모티콘과 움직이는 이모티콘으로 나누어 알아보겠습니다. 각 프로그램의 특징을 이해한 후, 자신이 제작하고 싶은 이모티콘에 맞는 프로그램의 기초 사용법을 익힙니다.

## 일러스트레이터를 활용한 멈춰 있는 이모티콘 제작

일러스트레이터는 캐릭터 및 이모티콘 제작을 할 때 많이 사용되는 드로잉 전용 프로그램입니다. 보통 손으로 그린 스케치를 일러스트레이터로 옮겨서 디지털 드로잉 작업을 하거나 일러스트레이터에서 바로 이모티콘을 그려서 완성합니다.

일러스트레이터를 사용하는 가장 큰 이유는 체계적인 이모티콘 제작 방식과 수정, 유지 보수가 편하기 때문입니다. 여러 개의 이모티콘 파일을 한 번에 내보내기 할 수 있어서 제작부터 멈춰 있는 이모티콘 제안 파일 완성까지 한 번에 수행할 수 있습니다.

### ① 스케치하고 드로잉하기

이모티콘 주제에 맞는 원화를 스케치합니다. 스케치한 원화를 스캐너 또는 스캔 앱을 이용해 일러스트레이터로 불러옵니다. 일러스트레이터에서 드로잉 작업을 통해 스케치를 데이터화합니다. 원화 스케치를 하지 않고 일러스트레이터에서 바로 이모티콘 드로잉 작업을 하는 경우도 많습니다.

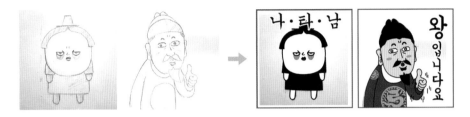

### ② 대지 기능을 이용해 한 번에 제작

일러스트레이터에서는 대지를 이용해 여러 파일을 생성해 작업할 수 있습니다. 따라서 하나의 파일에 32개의 이모티콘을 한 번에 만들고 멈춰 있는 이모티콘용 제안 파일을 바로 만들 수 있습니다.

▲ 대지를 이용해 32개의 이모티콘 제작

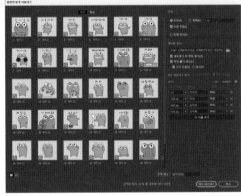

▲ 대지 내보내기 기능

### ③ 여러 가지 크기로 PNG 파일 추출

파일 하나에 32개의 이모티콘을 완성한 후, 이모티콘 제안에 필요한 PNG 파일을 여러 가지 크기로 추출할 수 있습니다. 추출한 PNG 파일은 '멈춰 있는 이모티콘'으로 제안합니다.

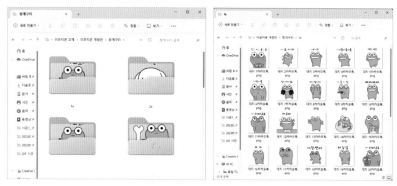

▲ 일러스트레이터의 내보내기 기능을 이용한 PNG 파일 추출

 알아두면 쓸모 있는 **이모티콘 NOTE** ◆ 드로잉 과정을 더 쉽고 재미있게 하려면?

사용자에 따라 포토샵이나 아이패드의 프로크리에이트에서 이모티콘 원화 드로잉을 하는 경우가 있습니다. 하지만 포토샵이나 프로크리에이트는 비트맵 방식의 프로그램이기 때문에 이미지 크기를 조절할 때 이미지가 깨지는 현상이 일어날 수 있습니다. 또, 제안 파일 변환 과정에서 여러 번의 과정을 거쳐야 해서 복잡할 수 있습니다. 이모티콘 드로잉에는 드로잉 전문 프로그램인 일러스트레이터를 추천합니다.

## 포토샵을 활용한 이모티콘 제작

포토샵은 일러스트레이터와 함께 이모티콘 제작에서 가장 많이 사용하는 프로그램입니다. 이모티콘 드로잉, 멈춰 있는 이모티콘 제작, 움직이는 이모티콘 제작, 제안 파일 변환 등 포토샵을 활용해 작업할 수 있습니다.

### ① 직관적인 드로잉이 가능

포토샵은 일러스트레이터와 달리 비트맵 제작 방식 프로그램으로 이모티콘 캐릭터를 직관적으로 드로잉할 때 사용합니다. 즉, 포토샵으로 이모티콘을 바로 드로잉하여 멈춰 있는 이모티콘을 제작할 수 있습니다.

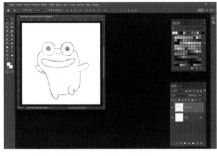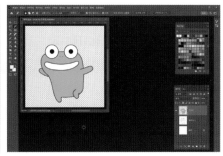

▲ 포토샵을 이용한 이모티콘 드로잉

### ② 타임라인을 이용해 GIF 파일 제작

포토샵은 이모티콘 드로잉뿐만 아니라 타임라인 기능을 이용해 움직이는 이모티콘용 GIF 파일 제작도 가능합니다.

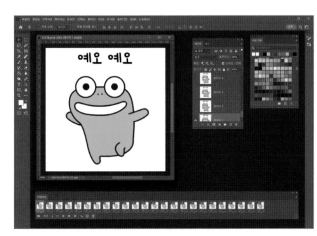

▲ 포토샵 타임라인 기능을 이용해 움직이는 이모티콘 제작

## 프로크리에이트를 활용한 이모티콘 제작

프로크리에이트는 아이패드 전용 드로잉 앱으로, 아이패드를 이용해 직관적으로 이모티콘을 드로잉할 수 있어 많이 사용됩니다. 스케치와 이모티콘 완성을

동시에 수행할 수 있지만 제안 파일을 변환하거나 PNG 파일을 추출하는 데는 번거롭다는 단점이 있습니다.

▲ 이모티콘의 스케치와 완성을 동시에 할 수 있는 프로크리에이트

### ① 디테일하고 개성 있는 드로잉이 가능

프로크리에이트는 종이에 그리듯이 아이패드 위에 전용 펜슬로 직접 드로잉합니다. 이렇듯 직접 드로잉하는 방식은 작가의 개성을 좀 더 디테일하게 표현할 수 있습니다.

### ② PNG 파일로 추출

프로크리에이트에서 완성된 이모티콘은 공유 기능을 이용해 멈춰 있는 이모티콘 제안 파일인 PNG 파일로 추출할 수 있습니다.

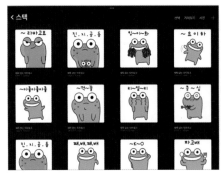 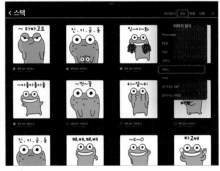

### ③ 타임라인을 이용해 GIF 파일 제작

프로크리에이트에서 타임라인 기능을 이용해 움직이는 이모티콘 파일인 GIF 파일도 제작할 수 있습니다.

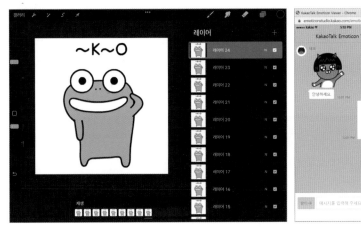

▲ 프로크리에이트의 타임라인 기능을 이용한 움직이는 이모티콘 제작

## 애니메이트를 활용한 이모티콘 제작

애니메이트는 Adobe사의 2D 전용 애니메이션 전문 프로그램으로, 기존 플래시가 업그레이드되어 등장한 프로그램입니다. 움직이는 이모티콘은 제작 과정이 복잡하고 애니메이션의 효과가 아주 중요합니다. 포토샵이나 프로크리에이트에서도 움직이는 이모티콘 제작이 가능하지만 애니메이션 전문 프로그램인 애니메이트를 사용하면 훨씬 자연스럽고 다양한 애니메이션 구현이 가능합니다.

### ① AI 파일을 불러와 애니메이션 적용

일러스트레이터에서 제작한 이모티콘 드로잉 파일을 애니메이트로 불러옵니다. 다양한 효과를 적용해 움직이는 이모티콘을 제작합니다.

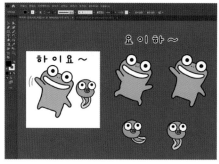

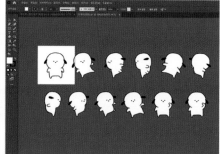

▲ 애니메이트에 일러스트레이터 파일 불러오기

▲ 다양한 애니메이션 기능을 이용해 움직이는 이모티콘 제작

## ② GIF 파일과 시퀀스 파일 추출

애니메이트에서는 카카오톡, 네이버 오지큐, 모히톡용의 GIF 파일을 한 번에
추출할 수 있습니다. 또한, 라인의 APNG 파일 제작에 필요한 시퀀스 파일도
한 번에 추출할 수 있습니다.

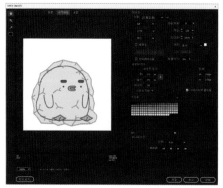

▲ GIF 파일 추출과 라인 APNG 파일 제작을 위한 시퀀스 파일 추출

## 라인 APNG 파일 제작을 위한 APNG 어셈블러(Assembler)

라인의 움직이는 이모티콘은 APNG 파일로 제안합니다. 포토샵이나 애니메이트를 이용해 애니메이션을 제작하고 각 프레임을 PNG 파일로 추출하는 것을 시퀀스 추출이라고 합니다. 시퀀스 파일을 이용해 라인의 APNG 파일을 제작합니다. 이때 사용하는 프로그램이 바로 APNG 어셈블러(Assembler)입니다.

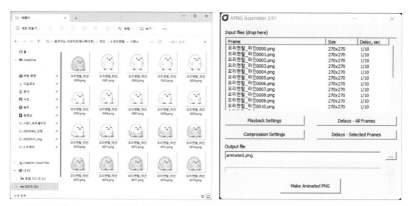

▲ 시퀀스 파일과 APNG 어셈블러를 이용한 APNG 제작

## 이모티콘 제안용 PNG, GIF, APNG 파일 포맷 알아보기

### PNG 포맷의 장단점과 사용 가이드

| 장점 | 단점 | 사용 가이드 |
|---|---|---|
| • 65,000개의 색상을 지원<br>• 256단계의 투명 단계를 지원<br>• 상대적으로 가벼운 용량<br>• 빠른 처리 속도<br>• 24bit / 8bit 조절 가능<br>• 웹 및 모바일에서 많이 사용 | • 애니메이션은 지원하지 않음<br>• PNG 8bit는 투명을 1단계만 지원<br>• 투명 단계가 많아지면 용량이 커짐<br>• CMYK를 지원하지 않기 때문에 인쇄용으로는 적합하지 않음 | • 카카오톡 움직이는 이모티콘 24개 중 21개는 PNG 파일로 제안<br>• 라인 스티커 전체 제안<br>• 모히톡 멈춰 있는 스티커 전체 제안 |

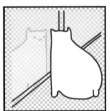

▲ PNG 파일로 제작한 이모티콘

▲ 투명함을 256단계로 표현하기 때문에 자연스러운 투명 효과나 반투명을 표현

## GIF 포맷의 장단점과 사용 가이드

| 장점 | 단점 | 사용 가이드 |
| --- | --- | --- |
| • 애니메이션을 지원<br>• 상대적으로 가벼운 용량<br>• 처리 속도가 빠름<br>• 색상 개수 조절로 용량 조절<br>　가능<br>• 인터넷 및 모바일에서 많이<br>　사용 | • 8bit로 256개의 색상만<br>　지원<br>• 투명을 1단계만 지원 | • 카카오톡 움직이는 이모티콘<br>　24개 중 세 개는 GIF 파일<br>　로 제안<br>• 모히톡 애니메이션 스티커 |

▲ 애니메이션을 지원하지만 투명도는 1단계만 지원하는 GIF 파일

## APNG 포맷의 장단점과 사용 가이드

| 장점 | 단점 | 사용 가이드 |
| --- | --- | --- |
| • 애니메이션을 지원<br>• 상대적으로 가벼운 용량<br>• 빠른 처리 속도<br>• 65,000개의 색상을 지원<br>• 투명 256단계를 지원 | • 아직 많은 환경에서 지원하지 않고 최신 버전에서만 사용할 수 있음<br>• 별도의 제작 프로그램을 사용해야 함 | • 라인 애니메이션 스티커<br>• 아이 메시지 애니메이션 스티커 |

▲ 24bit의 PNG 파일을 이용해 움직이는 APNG 파일을 만들 수 있음

### GIF 파일과 시퀀스 파일 추출

APNG를 제작할 수 있는 Adobe 프로그램이 아직 없기 때문에 별도의 제작 프로그램을 사용해야 합니다. 대표적으로 APNG 어셈블러가 있습니다. 프로그램 자체에서 애니메이션을 제작하는 것이 아니라 애니메이트나 포토샵에서 제작한 애니메이션을 시퀀스로 추출하여 APNG 파일로 변환합니다.

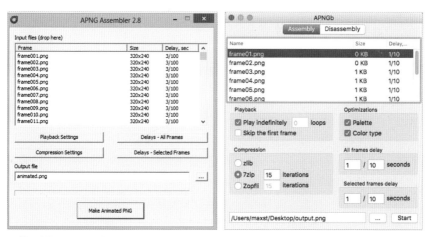

▲ 윈도우용 APNG 어셈블러       ▲ 맥용 APNG 어셈블러

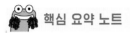 **핵심 요약 노트**

다음에 정리한 각 프로그램의 장단점은 저자의 주관적인 판단으로 작성한 것입니다. 자신에게 익숙하고 자신 있는 프로그램을 사용하길 권합니다.

| | 장점 | 단점 |
|---|---|---|
| 애니메이트 | • 이모티콘과 같은 2D 애니메이션에 적합<br>• 쉬운 사용법(이모티콘 제안에 필요한 파일 추출이 쉬움)<br>• 다양한 트윈 효과로 자연스러운 애니메이션 제작이 가능<br>• 벡터 방식으로 이미지 깨짐이 없음 | • 입체적인 효과(3D)를 주기가 어려움<br>• 효과가 다양하므로 사용 방법이 상대적으로 어려움 |
| 포토샵 | • 많은 사용자가 다루기 때문에 애니메이션 제작이 쉬움<br>• 애니메이션과 이미지 편집을 동시에 할 수 있음 | • 비트맵 방식으로 애니메이션과 이미지 크기를 조절하면 이미지 깨짐 현상이 있음<br>• 복잡하거나 자연스러운 애니메이션 제작이 어려움 |
| 프로크리에이트 | • 아이패드 화면에 직접 드로잉을 하기 때문에 자연스럽고 작가의 의도를 잘 표현할 수 있음<br>• 상대적으로 쉬운 사용법 | • 복잡하거나 자연스러운 애니메이션을 제작하기 어려움<br>• PC에 비해 적은 인터페이스로 프로그램 조작이 어렵고 아이패드에서만 작동 |
| 애프터 이펙트 | • 동영상 편집 및 효과를 적용하기에 적합<br>• 다양한 트랜지션 효과로 입체적인 애니메이션이 가능 | • 기능과 메뉴가 많아서 사용하기가 어려움<br>• 단순한 애니메이션 제작도 복잡하게 처리 |

## LESSON 02
# 이모티콘 제작을 위한 일러스트레이터 익히기

일러스트레이터에서 이모티콘을 제작할 때 가장 중요하게 알아두어야 할 핵심 사항에 대해 알아보겠습니다. 일러스트레이터의 기초 기능에 대한 자세한 설명은 유튜브 강좌(채널 김영삼 032cafe)에서 확인합니다.

## 드로잉 단계의 핵심 익히기

일러스트레이터에서 가장 많이 사용하는 작업 방식은 스케치 레이어를 아래에 놓고 그 위에 새로운 레이어를 추가한 후 패스를 그리는 것입니다. 이때 사용할 수 있는 도구는 여러 가지이지만 가장 대표적인 도구는 펜 도구와 브러시 도구입니다.

### 펜 도구와 브러시 도구 적절히 사용하기

❶ 펜 도구로 그린 선입니다. 직선이나 곡선 등 깔끔하게 떨어지는 선을 그릴 때 유용합니다. ❷ 브러시 도구로 그린 선입니다. 부드럽고 자연스러운 곡선을 그릴 때 유용합니다. ❸ 선을 면으로 바꾼 후 내부 면에 투명도를 적용한 상태입니다. 이처럼 특징을 잘 살릴 수 있는 기능을 사용하는 것이 중요합니다.

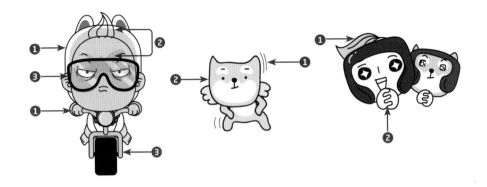

## 안 보이는 부분과 오브젝트의 높이 고려하기

일러스트레이터에서는 각각의 오브젝트가 모여 하나의 이미지를 완성합니다. 눈에 보이지 않는 부분까지 하나의 완성된 오브젝트로 만든 후, 각 오브젝트의 크기와 위치를 조절해 완성된 전체 이미지를 만듭니다. 이때 가장 아래에 있는 오브젝트부터 그리는 것이 좋습니다.

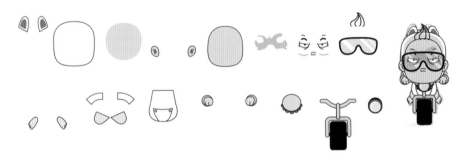

▲ 여러 오브젝트가 모여서 하나의 이미지를 완성

## 좌우가 대칭인 그림은 한쪽만 그려서 반전하기

❶ 좌우가 대칭인 이미지의 한쪽을 완성합니다. ❷ 완성한 절반을 선택한 후 [반사] 패널에서 세로로 복사합니다. ❸ 복사된 이미지를 이동해 위치를 잡습니다. ❹ 떨어진 두 점만 직접 선택 도구로 선택하고 Ctrl + J 를 눌러 연결합니다.

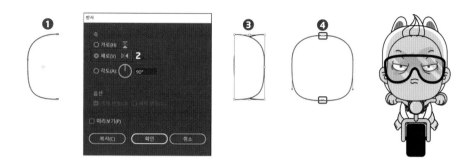

## 완성된 이미지를 종류별로 그룹화하기

캐릭터 및 아이템을 하나씩 완성하면 Ctrl + G 를 눌러 그룹으로 만들어두는 것이 좋습니다. 여러 오브젝트가 모여 하나의 이미지를 만들기 때문에 그룹으로 만들어야 나중에 수정하거나 관리하기가 편합니다.

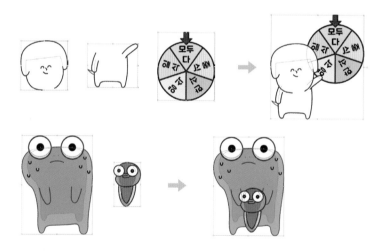

## 움직이는 이모티콘 제안에 필요한 애니메이션 컷 제작하기

움직이는 이모티콘 제안을 염두에 두고 있다면 애니메이션으로 만들 모양을 생각하면서 추가 이미지를 만듭니다.

## 메시지 입력하기

보통 텍스트 없이 동작과 표정 등으로 전달하는 것이 가장 좋지만, 특수한 상황이나 대화 등은 텍스트를 사용해 전달합니다.

### 텍스트 입력하기

❶ 문자 도구를 선택하고 ❷ 화면을 클릭하면 '국가는 노인과 청소년의 복지향상을 위한 정책을 실시할 의무를 진다.'라는 샘플 문구가 입력됩니다. 텍스트 크기와 모양을 보여주기 위한 텍스트입니다. ❸ [윈도우]-[문자]-[문자] 메뉴를 클릭해 [문자] 패널을 불러옵니다. 글꼴 종류와 크기 등을 설정합니다. ❹ 입력한 문자를 선택 도구로 선택하고 마우스 오른쪽 버튼을 클릭하여 단축 메뉴에서 [글꼴]을 클릭해 원하는 글꼴을 적용할 수 있습니다.

## 텍스트의 이미지화와 꾸미기

❶ 선택 도구로 텍스트를 선택한 후 마우스 오른쪽 버튼을 클릭하여 [윤곽선 만들기]를 클릭합니다. ❷ 문자가 이미지 형태로 변환되어 텍스트 외곽에 패스가 생성됩니다. ❸ 선 색을 흰색으로 적용합니다. ❹ [획] 패널에서 원하는 두께를 적용하고 단면과 모퉁이를 곡선으로 변경한 후 선을 바깥쪽으로 정렬합니다.

▲ 텍스트를 이미지로 변환하기

## 클리핑 마스크 사용하기

클리핑 마스크는 이미지를 특정 영역 안에서만 보이게 하는 기능으로, 이모티콘 제작에 아주 많이 쓰입니다. 특히 이모티콘 전체의 외곽선과 배경 처리 등에 많이 사용됩니다.

❶이모티콘을 만들다 보면 제안 크기를 벗어난 영역까지 작업이 이루어질 때가 많습니다. ❷보여주고 싶은 부분만 덮이도록 도형으로 영역을 만듭니다. 이때 가장 위에 있는 오브젝트가 마스크 영역으로 인식됩니다. ❸선택 도구로 전체 오브젝트를 선택한 후 마우스 오른쪽 버튼을 클릭해 [클리핑 마스크 만들기]를 클릭합니다. ❹마스크 영역이 지정되어 도형으로 덮은 부분만 보이게 됩니다.

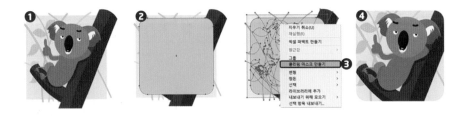

 핵심 요약 노트

### 1. 펜 도구와 브러시 도구를 적절히 사용하기

깔끔한 느낌의 드로잉은 펜 도구 사용, 부드럽고 자연스러운 느낌의 드로잉은 브러시를 주로 사용합니다.

### 2. 완성된 이미지를 종류별로 그룹화하기

일러스트레이터에서 완성된 오브젝트는 Ctrl + G 를 이용해 그룹화해 오브젝트를 효율적으로 관리할 수 있습니다.

### 3. 클리핑 마스크 사용하기

클리핑 마스크를 활용하면 부드러운 느낌의 배경을 제작할 수 있고, 다시 마스크를 해제하여 수정하기도 편리합니다.

# 포토샵 GIF 애니메이션의 핵심 익히기

포토샵의 타임라인 기능으로 카카오톡 움직이는 이모티콘 제안용 파일인 GIF 애니메이션을 만들 수 있습니다. 애니메이트나 애프터 이펙트로 더 정교한 애니메이션을 만들 수 있지만 간단한 GIF 애니메이션은 포토샵으로도 충분히 만들 수 있습니다. 포토샵의 기초 기능에 대한 자세한 설명은 유튜브 강좌(채널 김영삼032cafe)에서 확인합니다.

## 움직이는 이모티콘 제작을 위한 GIF 애니메이션 만들기

### 레이어 조합으로 GIF 애니메이션 만들기

❶ 일러스트레이터에서 애니메이션으로 만들 이미지를 준비합니다. ❷ 포토샵에서 가로세로 **360px**의 새 문서를 열고 일러스트레이터 이미지를 각각 복사해 고급 개체로 불러옵니다. ❸ 크기와 위치를 조절한 후 레이어 이름을 변경합니다.

❹[타임라인] 패널에서 가운데 옵션을 [프레임 애니메이션 만들기]로 선택합니다. ❺프레임 방식의 타임라인으로 변경됩니다. ❻첫 번째 장면을 제외하고 다른 레이어의 눈 아이콘은 끕니다. ❼첫 번째 프레임이 완성됩니다.

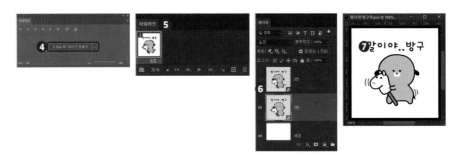

❽[타임라인] 패널에서 새 프레임을 추가합니다. ❾새로 추가된 프레임에 맞는 레이어의 눈 아이콘만 켭니다. ❿두 번째 프레임이 완성됩니다.

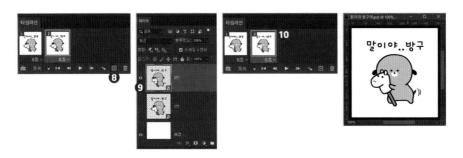

⓫ Shift 를 누른 채 1번, 2번 프레임을 선택한 후 ⓬프레임 추가 아이콘을 네 번 클릭해 총 10개의 프레임을 만듭니다.

⓭ 10번 프레임의 시간을 [0.5초]로 설정하고 [재생]을 클릭해 애니메이션을 확인합니다. ⓮ [파일]-[내보내기]-[웹용으로 저장] 메뉴를 클릭해 [웹용으로 저장] 대화상자가 나타나면 파일 포맷을 [GIF]로 선택한 후 저장합니다. ⓯ 파일을 실행하여 애니메이션을 확인합니다.

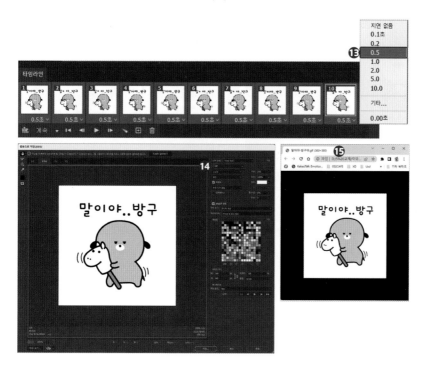

## 프레임을 이용해 GIF 애니메이션 만들기

❶ 일러스트레이터에서 애니메이션의 순서대로 이미지를 미리 준비합니다.

❷ 포토샵에서 가로세로 **360px**의 새 문서를 열고 일러스트레이터 이미지를 애니메이션 순서대로 복사하여 고급 개체로 불러옵니다. ❸ Shift 를 누른 채 전체 레이어를 선택하고 ❹ Ctrl + T 를 눌러 자유 변형을 이용해 전체 이미지의 크기와 위치를 조절합니다.

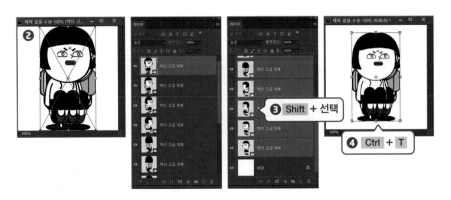

❺ 각 이미지의 크기가 달라 애니메이션을 만들었을 때 위치가 맞지 않을 수 있습니다. Ctrl + R 을 눌러 눈금자를 열고 첫 번째 레이어 이미지를 기준으로 가이드 선을 꺼냅니다. ❻ 첫 번째 레이어의 눈 아이콘은 끄고 두 번째 레이어의 눈 아이콘은 켭니다. ❼ 이동 도구 또는 키보드 방향키를 이용해 이미지 위치를 가이드 선에 맞춥니다. ❽ 같은 방법으로 모든 레이어의 이미지 위치를 동일하게 조절합니다.

❾ [타임라인] 패널의 옵션 메뉴에서 [레이어에서 프레임 만들기]를 클릭합니다. [레이어에서 프레임 만들기]는 각 레이어를 한 프레임씩 만들어주는 기능입니다. ❿ 흰색의 배경 레이어도 프레임으로 잡히기 때문에 첫 번째 프레임을 삭제합니다.

⓫ Shift 를 누른 채 전체 프레임을 선택합니다. ⓬ 흰색 배경 레이어의 눈 아이콘을 켭니다. 전체 프레임에 흰색 배경이 들어갑니다.

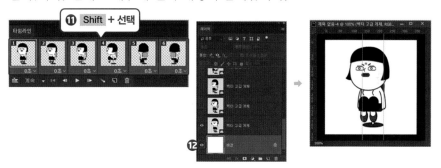

⓭ [파일]-[내보내기]-[웹용으로 저장] 메뉴를 클릭해 [웹용으로 저장] 대화상자에서 포맷을 [GIF]로 설정하고 저장합니다. ⓮ 파일을 실행해 애니메이션을 확인합니다.

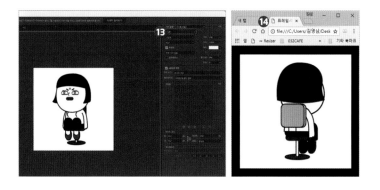

## GIF 애니메이션 첫 프레임 수정하기

❶완성된 GIF 파일을 포토샵에서 열고 ❷핵심 장면인 타임라인의 마지막 장면을 선택합니다. ❸마지막 장면을 가장 앞으로 드래그하여 옮긴 후 다시 [파일]-[내보내기]-[웹용으로 저장] 메뉴를 클릭해 [GIF]로 저장합니다.

---

### 🐸 작가처럼 생각하기  첫 장면은 가장 핵심적인 장면으로 설정

카카오톡, 아이 메시지 등에 GIF로 제안할 때는 첫 번째 장면이 핵심 장면이어야 합니다. 하지만 애니메이션을 만들다 보면 핵심 장면이 중간이나 맨 마지막에 나오는 경우가 많으므로 애니메이션을 다 만든 후 GIF상에서 첫 장면을 수정해야 합니다.

첫 장면                                                                                    핵심 장면

이렇게 만들어지면 사용자는 애니메이션의 첫 장면을 보게 되고, 어떤 내용의 이모티콘인지 알 수가 없습니다. 그래서 카카오톡, 아이 메시지는 GIF상에서 프레임 편집을 하고, 라인은 APNG 제작 시 수정해야 합니다.

# 움직이는 이모티콘 GIF 파일 용량 줄이기

파일 한 개당 제한 용량은 카카오톡이 2MB, 라인은 300KB, 아이 메시지는 500KB입니다. 움직이는 이모티콘은 여러 장면이 모여 만들어지기 때문에 용량이 커질 수 있습니다. 라인용 이모티콘은 APNG 자체에서 용량을 줄일 수 있지만, 카카오톡과 아이 메시지용 이모티콘은 포토샵에서 GIF 파일 용량을 줄여야 합니다.

> 이모티콘 승인 노하우  제한 용량보다 크면 제안이 이루어지지 않으므로 파일을 완성한 후 반드시 용량을 확인하고 조절해야 합니다.

## 프레임 수정하기

용량을 줄이는 가장 확실한 방법은 프레임을 적게 사용하는 것입니다. 정지 상태에 있는 프레임을 없애고 시간을 늘려 수정합니다.

❶ 타임라인에서 같은 이미지이면서 움직임이 없는 프레임을 하나만 남겨 놓고 삭제합니다. ❷ 남은 프레임의 시간을 조절하여 늘립니다.

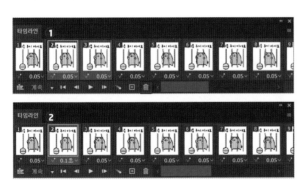

## 색상 줄이기

삭제할 프레임이 없다면 색상의 개수를 조절하여 용량을 줄일 수 있습니다. 보통 GIF는 256개의 색상으로 이루어져 있습니다. 대부분의 이미지는 256개의 색상 이하로 제작되기 때문에 색상을 줄이면 용량을 줄일 수 있습니다.

❶용량이 큰 GIF 파일을 열고 [파일]–[내보내기]–[웹용으로 저장] 메뉴를 클릭해 파일 용량을 확인합니다. ❷색상 옵션에서 색상 수를 줄이고 다시 용량을 확인합니다.

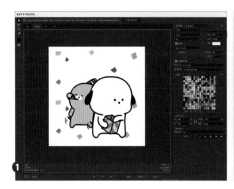 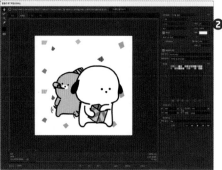

 **핵심 요약 노트**

### 1. 레이어 조합으로 GIF 애니메이션 만들기

포토샵을 이용한 애니메이션을 제작할 때 일러스트레이터에서 애니메이션별로 미리 제작합니다. 포토샵에서 애니메이션 컷별로 정확하게 레이어로 정리합니다.

### 2. GIF 애니메이션 첫 프레임 수정하기

라인 이모티콘은 첫 장면이 섬네일로 설정되기 때문에 가장 핵심적인 장면은 항상 첫 장면에 배치합니다.

### 3. 색상 줄이기

네이버 오지규의 움직이는 이모티콘은 파일이 크기 때문에 간혹 제한 용량인 500KB를 넘길 수 있습니다. 이때 필요 없는 색상을 줄여 용량을 줄일 수 있습니다.

# LESSON 04

# 애니메이션의 핵심, 애니메이트 활용하기

애니메이트는 2D 애니메이션을 제작하기에 최적화되어 있고 사용법도 간단합니다. 애니메이션에 대한 감각만 있다면 다양한 애니메이션을 연출하여 재미있는 움직이는 이모티콘을 제작할 수 있습니다. 애니메이트의 기초 기능에 대한 자세한 설명은 유튜브 강좌(채널 김영삼 032cafe)에서 확인합니다.

## 선과 도형 그리기

### 직선, 곡선 그리기

❶ 선 도구는 기본 선을 만드는 데 사용합니다. 선의 색상을 고르고 ❷ 드래그해 직선을 그립니다. ❸ 선택 도구 단축키인 Ctrl 를 누른 상태에서 선을 클릭하면 직선이 곡선으로 바뀝니다. Ctrl 을 누르지 않으면 다시 선 도구 상태가 됩니다. ❹[속성] 패널의 [채우기 및 획] 옵션에서 선의 두께, 색상 등을 변경할 수 있습니다.

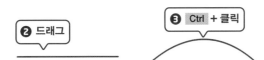

❷ 드래그

❸ Ctrl + 클릭

### 도형 그리기

❶ 선 도구를 이용해 하트의 반을 그리고, ❷ 선택 도구와 `Alt` 를 이용해 복사합니다. ❸ [변형] 패널에서 좌우 반전 아이콘을 이용해 복사한 이미지를 반전시킵니다. ❹ 반전된 이미지를 선택 도구로 선택하고 위치를 조절해 하트를 완성합니다.

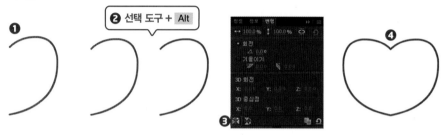

### 기본 도형 만들기

사각형 도구는 사각형을 만들고, 타원형 도구는 원을 만듭니다. 사각형을 만든 후 키보드의 `↑`, `↓` 를 누르면 모서리가 둥근 사각형을 만들 수 있습니다.

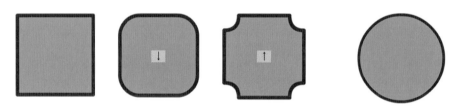

## 이미지 다양하게 편집하기

### 자유 변형 도구와 [변형] 패널

❶ 자유 변형 도구는 이미지의 크기를 조절하거나 회전할 때 사용합니다. `Alt` 를 누른 채 모서리를 클릭하면 모양도 변형할 수 있습니다. 단, `Alt` 를 이용한 모양 변형은 분해 상태에서만 가능합니다. ❷ [변형] 패널에서 원하는 수치를 입력해

이미지의 크기, 회전, 기울기를 수정할 수 있습니다.

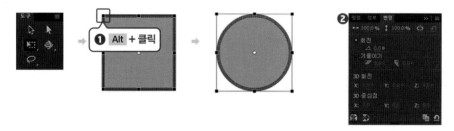

**[정렬] 패널**

❶ [스테이지로 정렬]의 체크를 해제하면 이미지끼리만 정렬됩니다. ❷ [스테이지로 정렬]에 체크하면 이미지와 스테이지가 정렬됩니다.

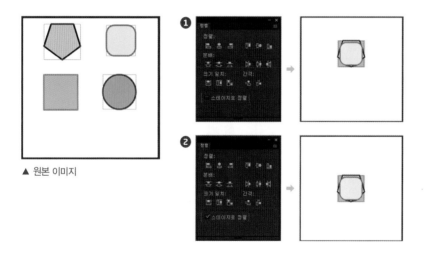

▲ 원본 이미지

## 애니메이트의 핵심, 심볼

애니메이트에서 오브젝트는 크게 세 종류입니다. 처음 만들었을 때의 분해 상태 오브젝트, 그룹화한 오브젝트, 다양한 효과와 애니메이션을 적용한 심볼입니다. 심볼은 [라이브러리] 패널에 저장해두고 꺼내어 사용할 수 있고, 애니메이션인 트위닝에 사용됩니다.

## 심볼 등록하기

❶ 단축키 F8 을 이용해 심볼을 등록합니다. ❷ 등록된 심볼은 [라이브러리] 패널에 등록되고 ❸ 스테이지로 꺼내 사용할 수 있습니다.

## 심볼 편집하기

❶ [라이브러리] 패널에서 수정하고자 하는 심볼을 더블클릭하거나 스테이지에 있는 심볼을 더블클릭해 안으로 들어갑니다. ❷ 심볼 안으로 들어가면 원하는 수정 부위가 선택될 때까지 더블클릭한 후 수정합니다. ❸ 수정이 끝났으면 상단의 '장면' 탭을 클릭해 다시 밖으로 나와 심볼 수정을 완료합니다.

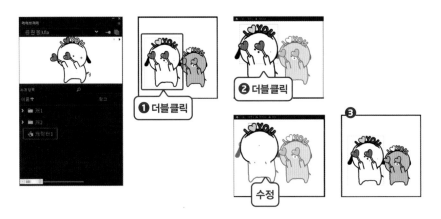

## 심볼 교체 복사하기

심볼을 수정하면 다른 곳에 사용한 같은 심볼도 모두 수정됩니다. 이모티콘 제작을 하다 보면 같은 심볼을 수정하여 다른 심볼로 만드는 경우가 많이 있습니다. 이때 사용하는 기능이 교체 복사입니다. 교체 복사는 심볼을 선택한 후 [속성] 패널의 [심볼 교체]를 클릭해 실행합니다.

❶ **심볼 교체 복사.fla** 파일을 엽니다. ❷ 복사하고 싶은 심볼을 선택한 후 ❸[속성] 패널에서 [심볼 교체]를 클릭합니다. ❹[심볼 교체] 대화상자에서 심볼 복제 아이콘을 클릭해 새로운 이름을 정하고 [확인]을 클릭합니다. ❺ 교체 복제된 심볼은 다른 심볼이 되었기 때문에 수정해도 원래 있던 심볼에 영향을 주지 않습니다.

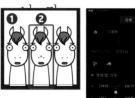

## 일러스트레이터 이미지 불러오기, 편집하기

### 일러스트레이터 이미지를 애니메이트로 불러오기

❶ 일러스트레이터에서 만든 이미지를 선택하고 Ctrl + C 를 눌러 복사합니다. ❷ 애니메이트에서 Ctrl + V 를 누른 후 [붙여넣기] 대화상자에서 [확인]을 클릭해 불러옵니다. ❸ 일러스트레이터의 이미지가 그대로 애니메이트에 불러와집니다. ❹ 애니메이션에 따라 각 부위를 심볼로 만듭니다.

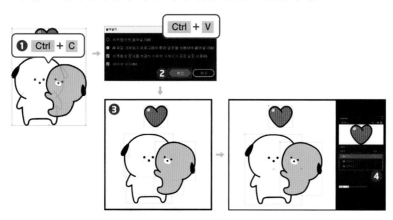

### 일러스트레이터 이미지를 애니메이트에서 편집하기

❶ 심볼을 더블클릭해 그룹 안으로 들어가 수정할 수 있습니다. ❷ Ctrl + B 를 이용해 분해 상태로 되돌린 후 면 또는 선을 수정할 수 있습니다. ❸[라이브러리] 패널을 살펴보면 가끔 심볼로 등록하지 않은 [flash0.ai] 폴더가 생기는데, 이는 일러스트레이터에서 클리핑 마스크, 심볼, 브러시와 같은 효과를 적용했을 때 자동으로 생성되는 이미지 소스 폴더입니다. 삭제하지 않도록 주의합니다.

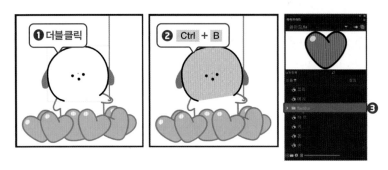

## 애니메이션을 위한 프레임 제어하기

애니메이션을 제작하려면 타임라인의 프레임 제어가 필수입니다. 타임라인 제어에는 단축키 F5 , F6 , F7 을 주로 사용합니다.

### 시간을 연장하는 F5

❶ 원하는 프레임을 선택하고 F5 를 누르면 해당 프레임만큼 시간이 연장됩니다. ❷ 연장된 프레임 중간을 선택하고 F5 를 누르면 누른 횟수만큼 시간이 연장됩니다.

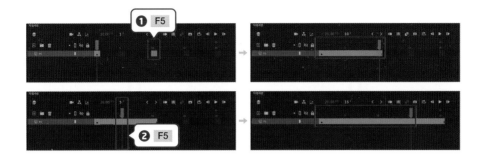

### 키프레임을 추가하는 `F6`

애니메이션을 만들 때 가장 중요한 것 중 하나가 키프레임입니다. 키프레임은 첫 번째 움직임 위치와 그다음 움직임 위치를 나타내는 하나의 단위로, 최소 두 개의 키프레임이 있어야 애니메이션이 가능합니다.

❶ 5번 프레임을 선택하고 `F6` 을 눌러 키프레임을 추가합니다. ❷ 키프레임은 검은색 점으로 표현됩니다. 추가된 키프레임에 있는 이미지의 위치를 옮깁니다. 그렇게 하면 처음 키프레임의 이미지 위치가 다음 키프레임에서는 바뀝니다. ❸❹ 같은 방법으로 10번과 15번 프레임을 차례로 선택하고 `F6` 으로 키프레임을 추가한 후 이미지의 위치를 옮깁니다. `Enter` 를 누르면 타임라인이 실행되면서 이미지가 움직이는 것을 볼 수 있습니다.

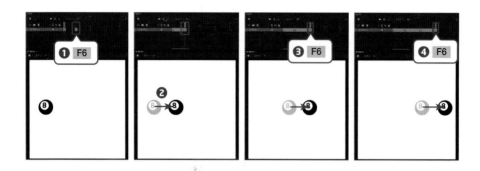

## 공 프레임을 추가하는 F7

새로운 이미지를 넣을 수 있는 공 프레임(빈 프레임)을 추가하려면 F7 을 이용합니다. 앞 키프레임에 있던 이미지를 다른 이미지로 바꿀 때 사용합니다.

❶ 공 프레임 샘플.fla 파일을 엽니다. 첫 번째 이미지에서 다른 이미지로 교체될 5번 프레임을 선택한 후 F7 을 눌러 공 프레임을 추가합니다. ❷ 추가된 공 프레임에 [라이브러리] 패널에서 '캐릭터2' 심볼을 가져온 후 F5 를 이용해 시간을 10프레임까지 늘립니다.

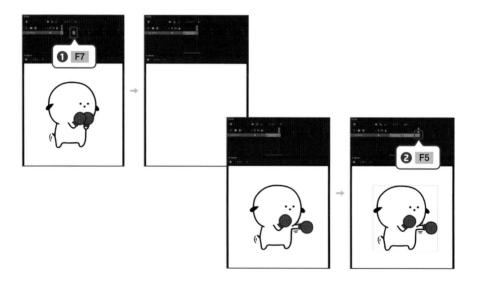

# 강력한 애니메이션 효과, 클래식 트윈

클래식 트윈은 심볼에만 적용할 수 있으며, 심볼의 위치 변화, 크기 변화, 회전, 색상, 투명도, 필터 등의 애니메이션을 자동으로 만드는 기능입니다.

### 클래식(표준) 트윈 제작

❶ 표준트윈1.fla 파일을 엽니다. 이때 하나의 레이어에는 하나의 심볼만 있어야 합니다. 20번 프레임을 선택한 후 F6 을 누릅니다. ❷ 20번 프레임에 키프레임이 추가됩니다. ❸ 두 키프레임의 중간을 선택하고 마우스 오른쪽 버튼을 클릭해 [표준 트윈 만들기]를 클릭합니다. ❹ 두 키프레임 사이에 보라색 트윈이 적용됩니다.

❺ 선택 도구로 20번 프레임에 있는 심볼을 오른쪽으로 이동시킵니다. 그런 경우 두 키프레임 사이에 움직임이 생깁니다. ❻ Ctrl + Enter 를 눌러 애니메이션을 확인합니다.

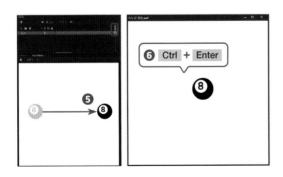

## 크기 수정, 회전

❶ 클래식 트윈이 적용된 마지막 키프레임의 심볼을 선택하고 자유 변형 도구로
크기를 조절합니다. 또는 [변형] 패널에서 가로세로 비율을 입력하여 조절합니
다. ❷ 클래식 트윈이 적용된 프레임의 중간을 선택하고 [속성] 패널의 [트위닝]
옵션에서 [회전]을 원하는 방향으로 설정한 후 회전 횟수를 정합니다. 자유 변
형 도구를 이용해도 원하는 만큼 회전할 수 있습니다.

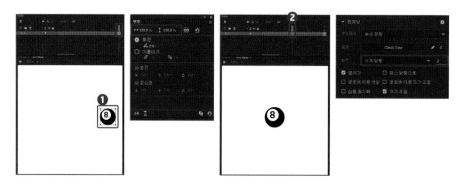

## 색상 변화

❶ 클래식 트윈이 적용된 마지막 키프레임에 있는 심볼을 선택합니다. ❷ [속성]
패널의 [색상 효과] 옵션에서 [스타일]을 [농도]로 선택하고 원하는 색상을 선택
한 후 농도의 값을 조절합니다. ❸ 선택한 색상에 농도가 반영되어 심볼에 적용
됩니다.

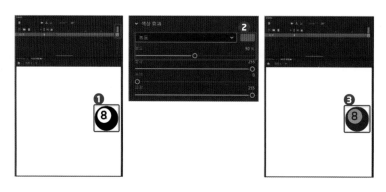

**투명 효과**

❶ 클래식 트윈이 적용된 마지막 키프레임에 있는 심볼을 선택합니다. ❷ [속성] 패널의 [색상 효과] 옵션에서 [스타일]을 [알파]로 선택하고 알파 값을 조절합니다. ❸ 심볼에 투명도가 적용됩니다.

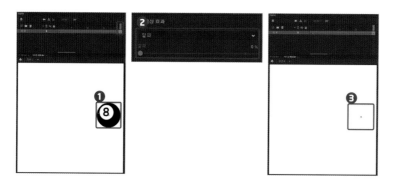

## 모양을 변화시키는 모양 트윈

모양 트윈이 클래식 트윈과 다른 점은 모양 자체를 변경할 수 있다는 것입니다. 원하는 애니메이션 모양으로 바뀌지 않을 때도 있지만 그 경우 [수정]–[모양]–[모양 힌트 추가]나 [모양 힌트 삭제]를 이용해 모양 애니메이션 자체를 수정할 수도 있습니다.

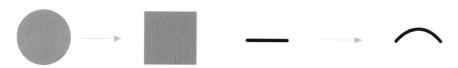

▲ 모양 트윈 애니메이션

## 모양 트윈 제작

❶ 면만 있는 분해 상태의 오브젝트를 만들고 20번 프레임을 선택한 후 `F6` 을 눌러 키프레임을 추가합니다. ❷ 두 키프레임의 중간을 선택하고 마우스 오른쪽 버튼을 클릭해 [모양 트윈 만들기]를 적용합니다. ❸ 두 키프레임 사이에 주황색 트윈이 적용됩니다. ❹ 마지막 키프레임의 이미지 크기, 위치, 색상을 변경합니다. `Ctrl` + `Enter` 를 눌러 애니메이션을 확인합니다.

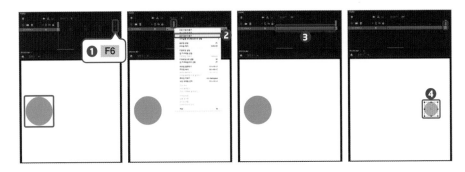

## 모양 힌트 추가를 이용한 애니메이션

❶ 선만 있는 분해 상태의 이미지를 만든 후 [속성] 패널에서 선에 두께를 적용합니다. 20번 프레임을 선택하고 `F6` 을 눌러 키프레임을 추가합니다. ❷ 두 키프레임의 중간을 선택하고 마우스 오른쪽 버튼을 클릭해 [모양 트윈 만들기]를 적용합니다. ❸ 두 키프레임 사이에 주황색 트윈이 적용됩니다. ❹ 마지막 키프레임의 선 위치를 옮긴 후 선택 도구를 이용해 곡선으로 만듭니다.

❺ 첫 번째 키프레임을 선택하고 [수정]-[모양]-[모양 힌트]를 선택하거나 단축키 `Ctrl` + `Shift` + `H` 를 눌러 a, b 두 개의 모양 힌트를 추가합니다. ❻ 마지막 키프레임인 20번 프레임을 선택하면 앞에서 추가한 모양 힌트가 보입니다. ❼ 모양 힌트의 위치를 첫 번째 키프레임과 동일하게 조절합니다.

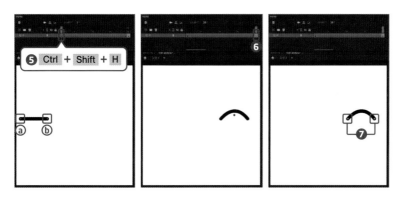

각 키프레임의 앞뒤에 모양 힌트를 배치하면 그 위치는 변하지 않고 모양이 바뀝니다.

## 속도감을 이용한 다이내믹한 애니메이션 만들기

애니메이트의 클래식 트윈과 모양 트윈에 속도감을 적용하여 좀 더 다이내믹한 애니메이션을 만들 수 있습니다. 속도감은 트윈이 적용된 프레임을 선택한 후 [속성]-[Classic Ease]를 선택해 적용합니다. [Classic Ease]가 0이면 기본 속도, -100이면 가속, 100이면 감속이 적용됩니다.

### 클래식 이미지 제작

❶속도감 샘플.fla 파일을 열고 10번 프레임을 선택한 후 F6 을 눌러 키프레임을 추가합니다. ❷1~10번 프레임의 중간 프레임을 선택하고 마우스 오른쪽 버튼을 클릭해 [표준 트윈 만들기]를 클릭합니다. ❸ 선택 도구로 10번 프레임에 있는 심볼을 선택해 위로 옮기면 개구리 캐릭터가 올라가는 연출을 할 수 있습니다. ❹11번 프레임을 선택하고 F7 을 눌러 공 프레임을 추가합니다.

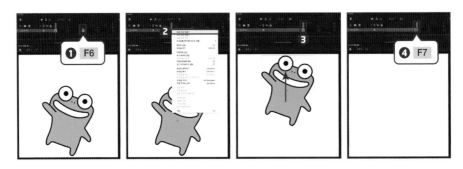

❺11번 프레임에 [라이브러리] 패널에서 '캐릭터2' 심볼을 가져와 화면 위쪽에 배치합니다. ❻20번 프레임을 선택하고 F6 을 눌러 키프레임을 추가합니다. 11~20번 프레임의 중간을 선택한 후 마우스 오른쪽 버튼을 클릭해 [표준 트윈 만들기]를 클릭합니다. ❼20번 프레임에 있는 심볼을 선택 도구로 선택해 아래로 옮기면 개구리 캐릭터가 내려가는 연출을 할 수 있습니다. ❽1~10번 프레임의 중간을 선택하고 [속성] 패널에서 [트위닝] 옵션의 [Classic Ease-Out] 값에 **100**을 입력해 속도를 감속시킵니다. ❾11~20번 프레임의 중간을 선택하고 [Classic Ease-In] 값에 **-100**을 입력해 속도를 가속시킵니다.

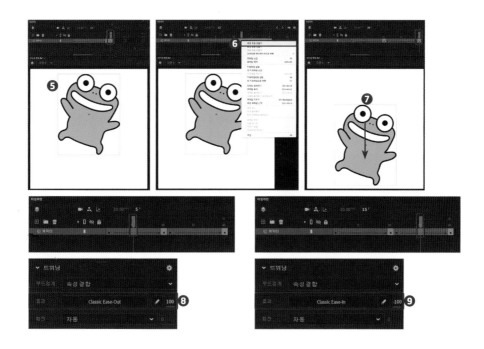

## 키프레임 배포와 레이어 배포를 통한 타임라인 활용하기

### 키프레임에 배포

애니메이션에 사용될 이미지를 미리 순서대로 심볼로 만든 후 한 번에 프레임 애니메이션을 적용할 때 사용합니다.

❶ 키프레임 배포.fla 파일을 열고 전체 심볼을 선택합니다. ❷ 마우스 오른쪽 버튼을 클릭해 [키프레임에 배포]를 클릭합니다. 심볼 등록 순서대로 키프레임에 배포됩니다.

### 레이어에 배포

❶ 레이어에 배포.fla 파일을 열면 하나의 레이어에 심볼로 조합된 캐릭터가 있습니다. ❷ 전체 심볼을 선택하고 마우스 오른쪽 버튼을 클릭해 [레이어에 배포]를 클릭합니다. ❸ 각 심볼이 심볼 이름의 레이어로 자동 배포됩니다.

## 카카오톡, 라인, 아이 메시지 동시 제작에 필요한 여러 프레임 편집하기

카카오톡은 가로세로 360px, 라인은 가로 320px, 세로 270px, 아이 메시지는 가로세로 618px입니다. 보통 카카오톡 이모티콘을 먼저 제작한 후 라인, 아이 메시지 순으로 크기와 프레임을 조절해 만듭니다. 미리 만든 프레임을 모두 선택해 각 사이즈에 맞게 다시 조절해야 하는데, 이때 사용하는 기능이 애니메이트의 핵심 기능 중 하나인 '여러 프레임 편집'입니다.

## 여러 프레임 편집하기

❶ 여러 프레임 편집.fla 파일을 엽니다. 크기는 가로세로 **360px**이고, 레이어와 프레임은 이미 완성되어 있습니다. ❷ 타임라인 위쪽의 [여러 프레임 편집]을 선택하고 편집할 타임라인의 영역을 전체로 잡아줍니다.

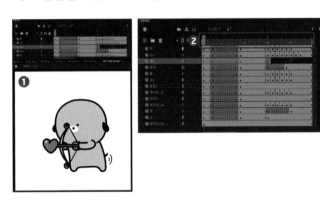

❸ Ctrl + A 를 눌러 편집할 타임라인을 모두 선택합니다. ❹ 그런 다음 Ctrl + T 를 눌러 [변형] 패널에서 좌우 반전을 합니다. ❺ 스테이지에 있는 모든 이미지가 좌우 반전됩니다. 선택 도구를 이용해 다시 위치를 잡아줍니다.

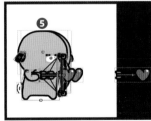

## 카카오톡 및 아이 메시지 제안을 위한 GIF 애니메이션 추출하기

카카오톡과 아이 메시지는 GIF 애니메이션 추출 방법이 다릅니다. 카카오톡 GIF
는 배경을 흰색으로, 아이 메시지는 배경을 투명하게 설정하여 추출해야 합니다.

### 카카오톡 제안용 GIF 애니메이션 파일 추출하기(흰색 배경)

❶ GIF 추출_카카오톡.fla 파일을 열고 [파일]-[내보내기]-[애니메이션 GIF 내보
내기] 메뉴를 클릭합니다. ❷ [이미지 내보내기] 대화상자에서 [투명도]의 체크
를 해제한 후 저장합니다.

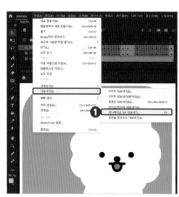
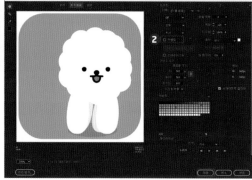

### 아이 메시지 제안용 GIF 애니메이션 파일 추출하기(투명 배경)

❶ GIF 추출_아이메시지.fla 파일을 엽니다. ❷ [파일]-[내보내기]-[애니메이션
GIF 내보내기]를 클릭합니다.

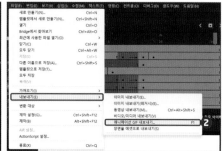

❸ [투명도]를 체크한 후 저장을 눌러 GIF로 저장합니다.

 이모티콘 승인 노하우   움직이는 이모티콘은 대부분 GIF로 저장합니다. 이때 카카오톡은 반드시 흰색 배경으로 저장하고 나머지 오지큐, 아이 메시지(모히톡)는 배경을 투명하게 저장합니다.

## 라인 및 카카오톡 최종 완성 파일을 위한 PNG 시퀀스 파일 추출하기

라인은 처음부터 완성된 형태인 APNG 파일로 제안합니다. 카카오톡도 제안은 GIF 애니메이션으로 하지만, 최종 승인 후에는 WEBP 파일로 다시 만들어 제출하도록 되어 있습니다. APNG 파일과 WEBP 파일은 모두 PNG 시퀀스 파일을 이용해 만듭니다. 애니메이트에서 만든 이모티콘은 GIF 애니메이션 파일로 추출할 수도 있고, PNG 시퀀스 파일로 추출할 수도 있습니다.

❶ PNG 시퀀스 파일 추출.fla 파일을 열고 [파일]-[내보내기]-[동영상 내보내기] 메뉴를 클릭합니다. ❷ 시퀀스 파일을 저장할 폴더를 만들어 선택하고 [파일 형식]을 [PNG 시퀀스(*.png)]로 선택한 후 [저장]을 클릭합니다.

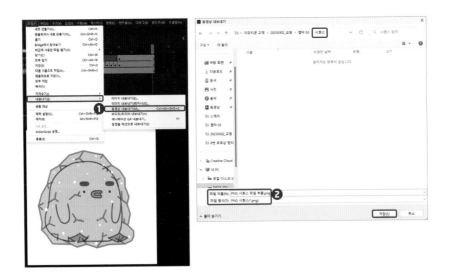

❸[PNG 내보내기] 대화상자에서 [내보내기]를 클릭합니다. ❹[시퀀스] 폴더를
확인하면 애니메이트의 프레임이 한 장씩 PNG 시퀀스 파일로 저장되어 있습
니다. 이렇게 하면 각 프레임이 하나의 PNG 파일로 추출되고 파일명은 프레임
순서대로 자동 설정됩니다. 추출된 PNG 시퀀스 파일은 나중에 APNG 파일과
WEBP 파일의 소스로 사용할 수 있습니다.

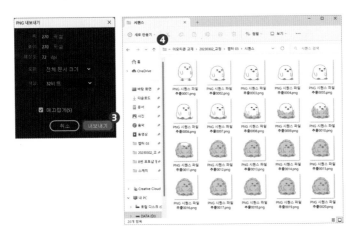

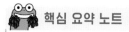 **핵심 요약 노트**

### 1. 심볼 편집

애니메이트에서는 심볼 단위로 애니메이션을 제작합니다. 또한 일러스트레이터에서 제작한 이미지를 애니메이트에서는 복제, 편집하여 새로운 이미지로 다시 만들 수 있습니다.

### 2. 강력한 애니메이션 효과, 클래식 트윈

애니메이트에서 가장 핵심적인 애니메이션은 바로 클래식 트윈입니다. 클래식 트윈은 항상 심볼에 적용하며, 위치/크기/회전/투명도/속도감 등 다양한 애니메이션을 줄 수 있는 가장 중요한 기능입니다.

### 3. 키프레임 배포와 레이어 배포를 통한 타임라인 활용

키프레임 배포는 준비된 심볼을 한 번에 프레임 애니메이션을 만들 수 있는 기능이며, 미리 애니메이션 컷을 순서대로 준비하면 좋습니다. 레이어 배포는 준비된 심볼을 레이어별로 분리시킬 수 있는 편리한 기능입니다.

### 4. 여러 프레임 편집하기

여러 프레임 편집을 이용해 완성된 애니메이션의 크기, 위치, 변형 등을 쉽게 적용할 수 있습니다.

### 5. 카카오톡 및 아이 메시지 제안을 위한 GIF 애니메이션 추출하기

카카오톡 움직이는 이모티콘 제안은 배경이 흰색인 GIF이고, 아이 메시지, 오지큐용 움직이는 이모티콘 제안은 배경이 투명입니다.

### 6. 라인 및 카카오톡 최종 완성 파일을 위한 PNG 시퀀스 파일 추출하기

시퀀스란 애니메이션이 각 프레임을 하나의 PNG 파일로 추출하는 기능입니다. 카카오톡은 승인 후 별도의 WEBP 파일을 만드는데, 이때 시퀀스 파일을 사용합니다. 라인의 APNG 제작에도 시퀀스 파일이 필요합니다.

## 효율적인 폴더 관리 방법

이모티콘을 제작하다 보면 원본 파일을 비롯해 카카오톡 제안용, 라인 제안용, 아이 메시지 제안용 등 많은 파일을 생성하게 됩니다. 여러 파일을 혼동하지 않고 간수하려면 폴더와 파일을 효율적으로 관리해야 합니다.

### ① 카카오톡 이모티콘 폴더 및 파일 관리

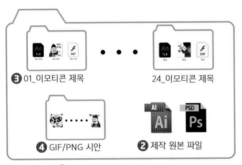

❸ 01_이모티콘 제목          24_이모티콘 제목

❹ GIF/PNG 시안      ❷ 제작 원본 파일

❶ 카카오톡 전체 이모티콘 제목

❶ 제작하고자 하는 이모티콘의 전체 폴더로, '카카오톡_○○○○'과 같이 폴더 이름을 붙입니다.

❷ 이모티콘 제작에 사용한 원본 파일로, 일러스트레이터의 AI 파일 또는 포토샵의 PSD 파일입니다.

❸ 24개의 이모티콘 제작 파일을 담은 폴더입니다. 보통 움직이는 이모티콘을 제작할 때 사용하는 애니메이트 원본 FLA 파일 및 포토샵 원본 PSD 파일 등을 담습니다.

❹ 실제 제안에 사용할 완성 파일만 따로 저장하는 폴더입니다. 나중에 이모티콘을 제안할 때 이 폴더에 있는 파일을 정리해 제출하면 됩니다.

움직이는 이모티콘을 만들 때는 파일의 양이 많기 때문에 파일과 폴더 관리에 신경을 써야 합니다. 제안에 사용할 완성 파일은 [GIF 시안] 또는 [PNG 시안] 폴더를 만들어 별도로 관리합니다.

## 2 라인 스티커(이모티콘) 폴더 및 파일 관리

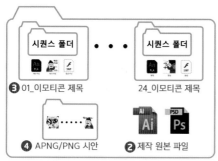

❶ 제작하고자 하는 이모티콘의 전체 폴더로, '라인_ ○ ○ ○ ○'와 같이 폴더 이름을 정합니다.

❷ 이모티콘 제작에 사용한 원본 파일로, 일러스트레이터의 AI 파일 또는 포토샵의 PSD 파일입니다.

❸ 이모티콘 제작 파일이 있는 폴더로, 보통 애니메이션 스티커를 제작할 때 사용하는 애니메이트 및 포토샵 원본 파일 등을 담습니다. APNG 파일 제작을 위한 [시퀀스] 폴더도 각 폴더 안에 있어야 합니다.

❹ 실제 제안에 사용할 완성 파일만 따로 저장하는 폴더입니다. 나중에 이모티콘을 제안힐 때 이 폴더에 있는 파일을 정리해 제출하면 됩니다.

## ③ 아이 메시지 스티커(이모티콘) 폴더 및 파일 관리

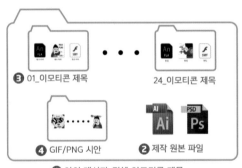

❸ 01_이모티콘 제목　　　24_이모티콘 제목

❹ GIF/PNG 시안　　❷ 제작 원본 파일

❶ 아이 메시지_전체 이모티콘 제목

❶ 제작하고자 하는 이모티콘의 전체 폴더로, '아이 메시지_ㅇㅇㅇㅇ'와 같이 폴더 이름을 정합니다.

❷ 이모티콘 제작에 사용한 원본 파일로, 일러스트레이터의 AI 파일 또는 포토샵의 PSD 파일입니다.

❸ 8개 이상의 이모티콘 제작 파일이 있는 폴더로, 보통 움직이는 이모티콘

을 제작할 때 사용하는 애니메이트 및 포토샵 원본 파일 등을 담습니다.

❹ 실제 제안에 사용할 완성 파일만 따로 저장하는 폴더입니다. 나중에 이 모티콘을 제안할 때 이 폴더에 있는 파일을 정리해 제출하면 됩니다.

아이 메시지는 앱 스토어에 개인이 따로 스티커를 제안하지만, 모히톡 사이트를 통해 제안하는 것이 편리합니다. 아이폰에서 모히톡 앱을 설치하면 메시지 전송 시 다양한 이모티콘을 사용할 수 있습니다. 페이스북의 메신저에서도 이모티콘을 사용할 수 있습니다. 즉, '모히톡'이라는 이모티콘 플랫폼을 통해 하나의 이모티콘을 동시에 여러 메신저에 서비스할 수 있습니다.

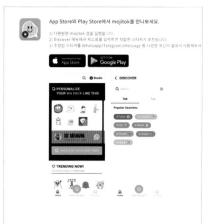

▲ 아이 메시지

▲ 페이스북 메신저

## APNG 제작을 위한 APNG 어셈블러 활용법

APNG는 연속된 PNG 파일을 순서대로 돌려 애니메이션화하는 파일로,
최근 개발된 방식입니다. 포토샵, 애니메이트 등에서는 제작할 수 없기
때문에 포토샵이나 애니메이트에서 추출한 PNG 시퀀스 파일을 이용해
APNG 어셈블러로 제작합니다.

### 1 APNG 어셈블러 설치하기

APNG 어셈블러는 별도로 설치해야 합니다. https://sourceforge.net/
projects/apngasm에 접속해 다운로드할 수 있습니다.

▲윈도우용

◀ 맥용

## 2 윈도우용 라인 APNG 제작 방법

PNG 시퀀스 파일을 추출합니다(APNG 추출 파일.zip). ❶ PNG 시퀀스 파일을 모두 선택해 [Input files(drop here)] 영역으로 드래그합니다. ❷ [Delays – All Frames]에서 전체 프레임 속도를 20으로 설정하고, ❸ [Playback Settings]에서 [Play indefinitely]의 체크를 해제하고 반복 횟수를 4로 설정합니다.

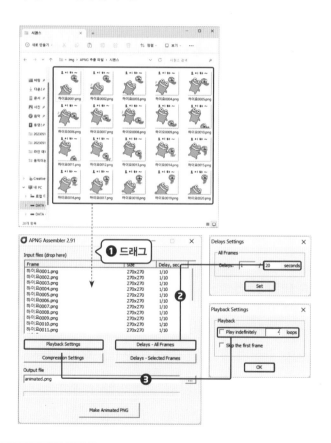

프레임 개수 20에 속도 20이면 총 1초를 만든 것이고, 라인은 무조건 4초 후 정지이기 때문에 네 번 반복해 4초가 되게 합니다. 보통 빠른 템포의 애니메이션을 만들 때 속도를 20으로 설정합니다.

❹ [Output file]에서 APNG 파일을 저장할 폴더를 만들고 파일 이름을 설정합니다. ❺ [Make Animated PNG]를 클릭해 APNG 파일을 생성합니다. ❻ 제작된 APNG 파일을 크롬 브라우저에 드래그해 확인합니다.

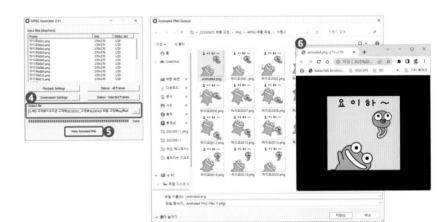

### 3 맥용 라인 APNG 제작 방법

❶ PNG 시퀀스 파일을 추출합니다(APNG 추출 파일.zip). PNG 시퀀스 파일을 [Input files(drop here)] 영역으로 드래그합니다. ❷ [Playback] 에서 반복 횟수를 2로 설정하고 ❸ [Skip the first frame]의 체크는 해제한 후 [All frames delay]의 전체 프레임 속도를 10으로 설정합니다.

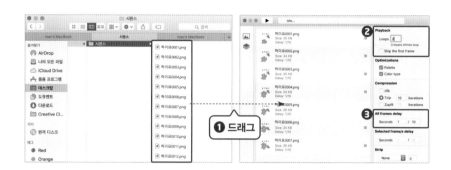

프레임 개수 20에 속도 10이면 총 2초를 만든 것이고, 라인은 무조건 4초
후 정지이기 때문에 두 번 반복해 4초를 만듭니다. 보통 느린 템포의 애니
메이션을 만들 때 속도를 10으로 설정합니다.

❹[Make Animated PNG]를 클릭해 APNG 파일을 생성합니다. ❺
APNG 제작이 완성되면 저장 위치와 파일명을 정합니다. 완성된 APNG
파일을 크롬 브라우저에 드래그해 확인합니다. 애니메이션이 4초 동안 실
행됩니다.

# CHAPTER 04

—

# 도전! 실전
# 이모티콘 디자인

다양한 주제와 표현 기법을 바탕으로 카카오톡 멈춰 있는 이모티콘과 움직이는 이모티콘을 일러
스트레이터, 포토샵, 애니메이트 그리고 프로크리에이트를 활용해 제작해보겠습니다.

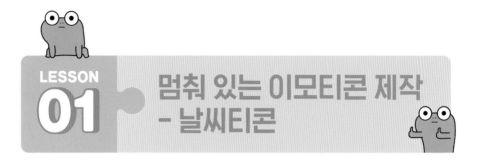

# LESSON 01 ▸ 멈춰 있는 이모티콘 제작 - 날씨티콘

## 미리 보기

▲ 일러스트레이터를 이용해 제작한 날씨와 감정이 담긴 '날씨티콘'

## 기획 의도

날씨는 우리 일상생활과 아주 밀접한 관련이 있습니다. 맑음, 흐림, 미세먼지 등 날씨의 상태를 감정에 대입하고 공유할 수 있게 만든 날씨 감성 이모티콘입니다.

## 주요 제작 기법

일러스트레이터의 브러시 도구를 사용해 손 그림 느낌을 표현합니다. 태양, 구름 등을 동글동글하게 표현하고 각 날씨에 따른 감정을 메시지로 담습니다.

## 일러스트레이터에서 제작 준비하기

일러스트레이터에서 [새로 만들기]-[추가 설정] 메뉴를 클릭합니다. [추가 설정] 대화상자가 나타나면 [대지 수]는 **24**, [간격]은 **100px**, [열]은 **6**, [폭]과 [높이]는 **360px**, [색상 모드]는 **RGB**, [래스터 효과]는 **스크린(72ppi)**로 설정하고 [문서 만들기]를 클릭합니다.

## 새로운 페인트 브러시 만들기

❶ [윈도우] 메뉴에서 [브러시] 패널을 열고 [브러시] 패널의 확장 메뉴에서 [새 브러시]를 선택합니다. ❷ [새 브러시] 대화상자가 나타나면 [붓글씨 브러시]를 선택하고 [확인]을 클릭합니다. ❸ [붓글씨 브러시] 대화상자에서 [크기]를 **4**로 설정하고 [확인]을 클릭합니다.

## 날씨티콘 제작하기

**01** ❶ 새로 만든 페인트 브러시 도구로 태양의 원을 그립니다. 원하는 원 모양이 안 그려지면 Ctrl 을 눌러 선택 도구로 선택한 뒤 덧칠하여 완성합니다. 노란색으로 면 색을 적용합니다. ❷ 페인트 브러시 도구로 표정을 그리고, ❸ 원 둘레에 짧은 선들을 그어 태양을 완성합니다. ❹ 완성한 태양을 선택하고 Ctrl + G 를 눌러 그룹으로 만듭니다.

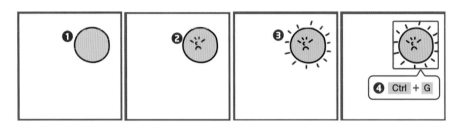

**02** ❶ 페인트 브러시 도구로 구름을 그리고 회색으로 면 색을 적용합니다. ❷ 페인트 브러시 도구로 표정을 그리고, ❸ 구름 아래에 면 색이 연한 파란색인 빗방울을 여러 개 그립니다. ❹ 완성된 구름과 태양을 모두 선택하고 Ctrl + G 를 눌러 그룹으로 만듭니다.

03 ❶문자 도구를 이용해 **참 변덕스럽네..**를 입력한 후 적당한 폰트(필자가 사용한 폰트는 배민연성체)를 적용합니다. ❷완성한 문자를 선택 도구로 선택한 후 마우스 오른쪽 버튼을 클릭하고 [윤곽선 만들기]를 클릭해 이미지로 변환합니다. ❸문자에 흰색 선을 적용한 후 [획] 패널에서 [두께]는 **3pt**, [단면]은 **둥근 단면**, [모퉁이]는 **둥근 연결**, [선 정렬]은 **바깥쪽으로 선 정렬**로 설정합니다. ❹모든 이미지를 선택하고 Ctrl + G 를 눌러 그룹으로 만들고 완성합니다.

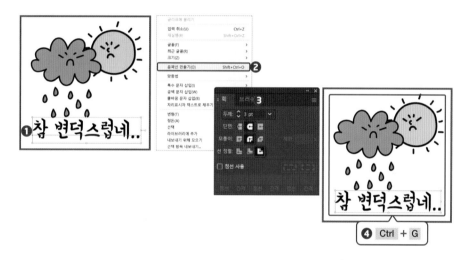

04 ❶새로 만든 페인트 브러시 도구로 무지개의 전체 외곽을 만듭니다. ❷페인트 브러시 도구로 무지개 내부의 선을 만듭니다. 이때 선은 무지개 전체 외곽보다 바깥쪽으로 나오게 그립니다. ❸선택 도구로 무지개와 선을 모두 선택하고 [패스파인더] 패널에서 [패스파인더]를 **나누기**로 선택합니다.

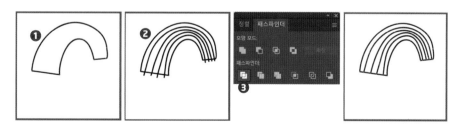

**05** ❶직접 선택 도구로 무지개의 각 마디를 선택해 면 색을 적용합니다. ❷페인트 브러시 도구로 무지개 앞쪽에 구름을 만들고 표정을 그립니다. ❸무지개 뒤쪽에도 구름을 만들고 표정을 그립니다. ❹무지개 주변에 반짝이 모양을 그립니다.

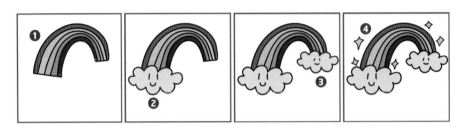

**06** ❶문자 도구를 이용해 **찬란하여라~**를 입력한 후 적당한 폰트를 적용합니다. ❷완성한 문자를 선택 도구로 선택한 후 마우스 오른쪽 버튼을 클릭하고 [윤곽선 만들기]를 클릭해 이미지로 변환합니다. ❸문자에 흰색 선을 적용한 후 [획] 패널에서 [두께]는 **3pt**, [단면]은 **둥근 단면**, [모퉁이]는 **둥근 연결**, [선 정렬]은 **바깥쪽으로 선 정렬**로 설정합니다. ❹이미지를 모두 선택하고 Ctrl + G 를 눌러 그룹으로 만들고 완성합니다.

**07** ❶사각형 도구로 [너비]와 [높이]가 **360px**인 사각형을 만듭니다. 사각형 안쪽에 [모퉁이 위젯]을 이용해 둥근 사각형을 만들고 화면 중앙에 배치합니다. ❷선분 도구 또는 펜 도구를 이용해 둥근 사각형 내부에 선을 만듭니다. ❸선택 도구로 둥근 사각형과 선을 모두 선택한 후 [패스파인더] 패널에서 [패스파인더]를 **나누기**로 선택합니다.

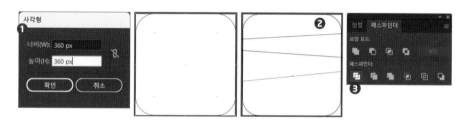

**08** ❶나뉘어진 각 면에 직접 선택 도구를 이용해 조금씩 다른 하늘색 면 색을 적용합니다. 이때 선 색은 해제합니다. ❷둥근 사각형 도구를 이용해 흰색 면만 있는 사각형으로 구름을 단순하게 표현합니다. 구름이 완성되면 구름과 배경을 모두 선택하고 Ctrl + G 를 눌러 그룹으로 만듭니다. ❸페인트 브러시 도구로 노란색 태양을 그립니다. ❹페인트 브러시 도구로 짧은 선들을 원 둘레에 그어 태양을 완성합니다.

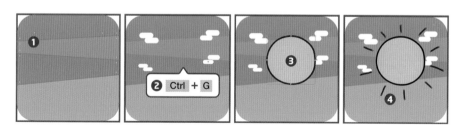

**09** ❶페인트 브러시 도구로 얼굴 표정을 만듭니다. 이때 눈, 코, 입은 선만 있게 하고 눈썹은 면만 있게 합니다. ❷펜 도구로 눈 밑에 주름을 그립니다. 이때 주름은 선만 있게 하고 두께는 눈보다 조금 얇게 합니다. 완성된 표정을 선택하고 Ctrl + G 를 눌러 그룹으로 만듭니다. ❸페인트 브러시 도구로 눈과 코의 명암 모양을 만듭니다. 색상은 태양 색보다 조금 어둡게 하고 면만 있게 합니다. ❹ Ctrl + [ 를 눌러 명암을 표정 뒤로 보냅니다.

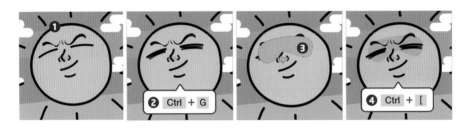

**10** ❶문자 도구를 이용해 **날이 오져서..**라고 입력한 후 적당한 폰트를 적용합니다. ❷완성한 문자를 선택 도구로 선택한 후 마우스 오른쪽 버튼을 클릭하고 [윤곽선 만들기]를 클릭해 이미지로 변환합니다. ❸문자에 흰색 선을 적용한 후 [획] 패널에서 [두께]는 **3pt**, [단면]은 **둥근 단면**, [모퉁이]는 **둥근 연결**, [선 정렬] 은 **바깥쪽으로 선 정렬**로 설정합니다. ❹모든 이미지를 선택하고 Ctrl + G 를 눌러 그룹으로 만들고 완성합니다.

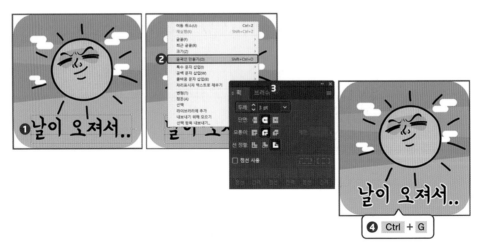

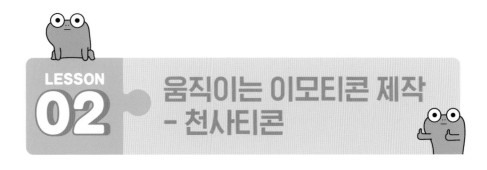

## LESSON 02 · 움직이는 이모티콘 제작 – 천사티콘

## 미리 보기

▲ 포토샵과 애니메이트를 이용해 제작한 '직썰하는 천사티콘'

## 기획 의도

직설과 팩트 폭격을 하는 천사를 주제로 한 이모티콘입니다. 착하고 귀여운 천사 캐릭터가 웃으면서 상대방에게 날카롭게 직설과 팩트를 전합니다. 서브 캐릭터인 귀여운 강아지도 직설에 한몫합니다.

## 주요 제작 기법

카카오톡 이모티콘에 많이 보이는 검은색 테두리에 흰색 캐릭터로, 색을 많이 사용하지 않고 단순하게 표현합니다. 천사의 날갯짓과 하늘에 떠 있는 듯한 모션을 애니메이션으로 표현하는 것이 특징입니다.

## 포토샵 GIF 제작 준비하기

[파일]-[새로 만들기] 메뉴를 클릭해 [새로운 문서 만들기] 대화상자를 엽니다. [폭]과 [높이]는 360, [단위]는 **픽셀**, [해상도]는 **72픽셀/인치**, [색상 모드]는 **RGB 색상, 8bit**, [배경 내용]은 **흰색**으로 설정합니다. [만들기]를 클릭해 준비합니다.

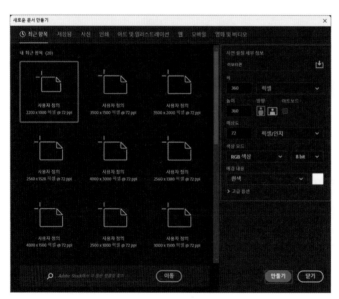

▲ 포토샵 새로 만들기 설정

## 애니메이트 GIF 제작 준비하기

[파일]-[새로 만들기] 메뉴를 클릭해 [새 문서] 대화상자를 엽니다. [플랫폼]은 ActionScript 3.0, [폭]과 [높이]는 360, [단위]는 **픽셀**로 설정한 후 [만들기]를 클릭합니다. 작업 문서의 [속성] 패널에서 [프레임 속도]는 **20fps**, [배경]은 **흰색** 으로 설정합니다.

▲ 애니메이트 새로 만들기 설정

## '가드 올리세요' 이모티콘 만들기

**애니메이션에 필요한 일러스트레이터 이미지를 포토샵으로 보내기**

**01** 일러스트레이터에서 [움직이는 이모티콘_직썰하는 천사티콘] 폴더의 1 가 드 올리세요.ai 파일을 불러옵니다.

**02** ❶일러스트레이터에서 텍스트를 선택하고 `Ctrl` + `C`를 눌러 복사합니다.
❷포토샵에서 [파일]-[새로 만들기]를 선택하고 [폭]과 [높이]가 **360px**인 새 창을 만듭니다. `Ctrl` + `V`를 눌러 텍스트를 붙여 넣습니다. ❸이때 [붙여넣기] 대화상자에서 [고급 개체]를 선택하고 [현재 라이브러리에 추가]의 체크는 해제합니다. ❹ `Enter`를 눌러 크기 조절 상자를 없애고 이동 도구로 위치를 조절합니다. ❺레이어 이름을 **글자1**로 변경합니다.

**03** ❶ 같은 방법으로 일러스트레이터 파일에 있는 이미지를 각각 복사하여 포토샵 파일에 붙여 넣습니다. ❷ 각 레이어의 이름을 알기 쉽게 변경합니다.

**포토샵 타임라인을 이용한 GIF 애니메이션 만들기**

**04** ❶ 앞에서 만든 레이어를 확인합니다. ❷ [윈도우]–[타임라인]을 선택해 [타임라인] 패널을 열고 [프레임 애니메이션 만들기]를 클릭합니다.

이모티콘 승인 노하우 레이어를 만들지 않았다면 [움직이는 이모티콘_직썰하는 천사티콘] 폴더의 **1 가드 올리세요.psd** 파일을 이용합니다.

**05** ❶[천사], [강아지], [글자1] 레이어의 눈 아이콘만 켜서 첫 번째 장면을 만듭니다. ❷[타임라인]에서 새로운 프레임을 추가합니다.

이모티콘 승인 노하우 움직임을 주는 반짝이 애니메이션은 메인 애니메이션이 모두 끝난 다음에 만듭니다. 카카오톡 움직이는 이모티콘 GIF 시안의 배경은 흰색이기 때문에 배경 레이어는 항상 켜져 있어야 합니다.

**06** ❶추가된 두 번째 프레임에서 [글자1] 레이어의 눈 아이콘을 끄고 [글자2] 레이어의 눈 아이콘을 켭니다. ❷이동 도구로 [천사] 레이어를 선택하고 ↓를 다섯 번 눌러 아래로 내립니다. [강아지] 레이어를 선택하고 ↑를 다섯 번 눌러 위로 올립니다. ❸[타임라인] 패널에서 Shift를 누른 채 완성된 두 프레임을 선택하고 새로운 프레임을 추가합니다. 두 개의 프레임이 동시에 복사됩니다.

**07** 1프레임에서는 [반짝이1] 레이어, 2프레임에서는 [반짝이2] 레이어, 3프레임에서는 [반짝이3] 레이어, 4프레임에서는 [반짝이4] 레이어의 눈 아이콘을 각각 켭니다.

🐸 **이모티콘 승인 노하우**   여기서는 4프레임만 만들었지만 카카오톡 움직이는 이모티콘은 제한 프레임 수가 24개이기 때문에 더 추가해도 됩니다. 물론 원하는 애니메이션이 완성되었으면 24프레임 이하로 제작하면 됩니다.

**08** ❶ Shift 를 누른 채 네 프레임을 선택한 후 마우스 오른쪽 버튼을 클릭해 [기타]를 클릭합니다. ❷ [프레임 지연 설정]을 0.05초로 합니다. ❸ 전체 반복 횟수를 [계속]으로 설정해 무한 반복되도록 합니다.

🐸 **이모티콘 승인 노하우**   포토샵 GIF 애니메이션은 타임라인으로 보는 것보다 더 느리게 진행되기 때문에 초당 속도를 0.05로 해야 원하는 속도를 얻을 수 있습니다.

**09** [파일]-[내보내기]-[웹용으로 저장] 메뉴를 클릭합니다. [웹용으로 저장] 대화상자가 나타나면 [파일 형식]을 [GIF]로 선택합니다. [저장]을 클릭해 미리 만들어놓은 제안용 폴더에 저장합니다.

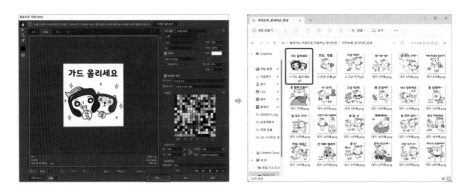

이모티콘 승인 노하우  다 완성된 포토샵 원본 파일(PSD)은 [파일]-[저장] 메뉴를 클릭해 저장합니다. 나중에 포토샵 원본 파일을 열면 [타임라인] 패널에서 완성된 애니메이션을 그대로 볼 수 있습니다. 카카오톡 승인이 되면 수정을 해야 할 수 있으니 포토샵 원본 파일을 반드시 저장해야 합니다.

## '안궁안물' 이모티콘 만들기

### 애니메이션 준비하고 애니메이트로 보내기

**01**  일러스트레이터에서 [움직이는 이모티콘_직썰하는 천사티콘] 폴더의 2 안궁 안물.ai 파일을 불러옵니다.

**02** ❶애니메이션에 필요한 이미지들을 선택하고 `Ctrl` + `C` 를 눌러 복사합니다. ❷애니메이트에서 `Ctrl` + `V` 를 눌러 붙여 넣습니다. 이때 [붙여넣기] 대화상자에서 [레이어 유지]의 체크를 해제합니다. ❸같은 방법으로 이미지를 모두 복사합니다.

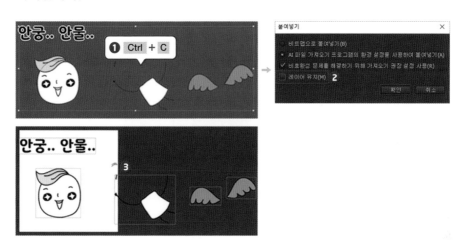

**03** ❶애니메이트로 불러온 이미지를 각각 선택하고 `F8` 을 눌러 그래픽 심볼로 등록합니다. 이때 날개는 한쪽만 등록합니다. ❷[윈도우]-[라이브러리]를 선택하면 등록된 심볼을 확인할 수 있습니다.

**04** ❶등록된 심볼을 이용해 현재 레이어에 이모티콘을 배치합니다. 같은 레이어에서 심볼의 높이를 조절하려면 `Ctrl` 을 누른 상태에서 `↑` , `↓` 를 누릅니다. ❷ 선택 도구로 날개를 선택하고 `Alt` 를 누른 채 드래그해 복사한 후 ❸[변형] 패널에서 좌우 반전합니다. ❹ 날개의 레이어 높이와 위치를 이미지에 맞게 조절합니다.

이모티콘승인노하우 애니메이트를 이용해 움직이는 이모티콘을 제작할 때는 항상 첫 장면 배치부터 시작합니다. 이때 구도와 각 심볼의 높이를 정확히 조절해야 합니다.

### 독립적인 애니메이션 만들기

**05** 글자 심볼을 제외한 천사 심볼 전체를 선택하고 `F8` 을 눌러 '천사 무비' 그래픽 심볼로 만듭니다.

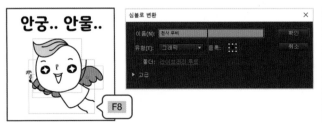

**06** ❶ '천사 무비' 심볼을 더블클릭해 심볼 안으로 들어갑니다. 상단 탭에서 현재 위치가 '장면1-천사 무비'인 것을 확인합니다. 모든 심볼을 선택하고 마우스 오른쪽 버튼을 클릭해 [레이어에 배포]를 클릭합니다. ❷ 심볼이 레이어별로 자동 배포됩니다. 2프레임 한 줄을 모두 선택하고 F6 을 눌러 키프레임을 추가합니다.

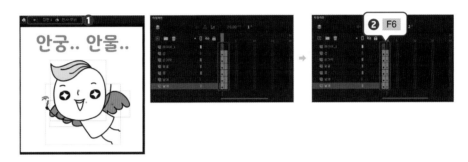

**07** ❶2프레임에 있는 머리의 위치를 조금 아래로 내립니다. ❷2프레임에 있는 날개를 자유 변형 도구로 선택하고 중앙의 중심축을 날개 끝으로 옮긴 후 살짝 회전합니다. 같은 방법으로 반대쪽 날개도 회전합니다. ❸ 선 심볼은 지우고 손가락은 자유 변형 도구로 살짝 회전합니다. ❹1프레임과 2프레임을 이용한 천사 애니메이션이 '천사 무비' 심볼 안에서 완성됩니다.

이모티콘승인노하우 '천사 무비'와 같이 심볼 안쪽에 만든 독립적인 애니메이션은 전체 시간에 영향을 주지 않습니다.

**08** ❶'장면1' 탭을 클릭해 심볼 밖으로 나옵니다. ❷모든 심볼을 선택하고 마우스 오른쪽 버튼을 클릭해 [레이어에 배포]를 클릭합니다. ❸[천사 무비] 레이어를 [글] 레이어 아래로 내립니다. ❹[타임라인] 패널에서 20프레임을 모두 선택하고 F5 를 눌러 시간을 연장합니다. Ctrl + Enter 를 눌러 완성된 애니메이션을 확인합니다.

🐸 **이모티콘승인노하우** 이모티콘 전체 시간은 '장면1' 심볼의 타임라인 길이로 결정됩니다. 카카오톡 움직이는 이모티콘의 전체 프레임 제한은 24개이지만, 나중에 라인 움직이는 이모티콘으로 변환할 때 4초를 맞추려면 카카오톡 움직이는 이모티콘을 20프레임으로 완성하는 것이 좋습니다.

### 글자 애니메이션 만들기

**09** ❶'글' 심볼을 더블클릭해 심볼 안으로 들어갑니다. 현재 위치가 '장면1-글'인 것을 확인합니다. ❷글자 이미지를 선택하고 Ctrl + B 를 눌러 한 글자씩 분해합니다. ❸ F6 을 여덟 번 눌러 총 9프레임으로 만듭니다. ❹각 키프레임에서 F5 를 한 번씩 눌러 각각 두 개의 프레임으로 만듭니다.

**10** ❶ 두 번째 키프레임에 있는 '안' 글자를 선택하고 `Shift` + `↑` 를 한 번 눌러 위로 올립니다. ❷ 같은 방법으로 네 번째 키프레임의 '궁' 글자를 위로 한 번, ❸ 여섯 번째 키프레임의 '안' 글자를 위로 한 번 ❹ 여덟 번째 키프레임의 '물' 글자를 위로 한 번 올립니다. ❺ 메인 타임라인의 시간과 맞추기 위해 20프레임을 선택하고 `F5` 를 눌러 시간을 연장한 후 '장면1' 탭을 클릭해 심볼 밖으로 나옵니다.

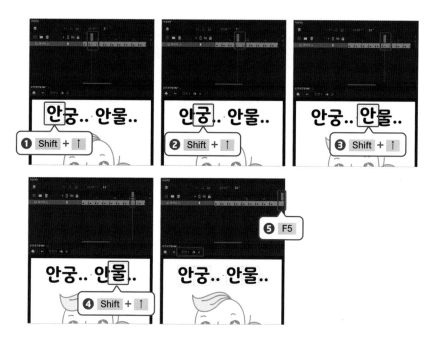

이모티콘승인노하우 `Shift` 를 누른 상태에서 방향키를 누르면 10px씩 움직입니다. 이와 같이 심볼 안에서 독립적인 애니메이션을 만들면 메인 타임라인과 무관하게 계속 반복되기 때문에 프레임 수가 맞지 않으면 서로 엇박자로 움직이게 됩니다. 그래서 독립적인 애니메이션도 메인 타임라인의 시간에 맞춰 제작해야 합니다.

**천사 메인 애니메이션과 GIF 파일 완성하기**

**11** ❶'천사 무비' 심볼의 마지막 20프레임을 선택하고 F6 을 눌러 키프레임을 추가합니다. ❷두 키프레임 사이를 선택하고 마우스 오른쪽 버튼을 클릭해 [표준 트윈 만들기]를 클릭합니다. ❸10프레임을 선택하고 F6 을 눌러 키프레임을 추가합니다. ❹10프레임에서 '천사 무비' 심볼을 아래로 내립니다. 위아래로 움직이는 트윈이 만들어집니다.

**12** ❶1~10프레임 사이를 선택하고 ❷[속성] 패널의 [트위닝] 옵션에서 [부드럽게] 항목의 속도를 -100으로 설정해 가속을 적용하고 ❸11~20프레임 사이를 선택하고 ❹[부드럽게] 항목의 속도를 100으로 설정해 감속을 적용합니다.

**13** [파일]-[내보내기]-[애니메이션 GIF 내보내기] 메뉴를 클릭합니다. [이미지 내보내기] 대화상자에서 [투명도]의 체크를 해제합니다. [저장]을 클릭해 미리 만들어둔 제안용 폴더에 두 번째 GIF 파일로 저장합니다.

**이모티콘 승인 노하우** 모든 애니메이션과 GIF 파일 제작이 끝나면 [파일]-[저장] 메뉴를 클릭해 애니메이트 원본 파일로 저장합니다. 그러면 FLA 파일이 만들어지고 언제든 다시 열어 수정할 수 있습니다. 나중에 카카오톡 승인이 되면 수정을 해야 할 수 있으니 애니메이트 원본 파일을 반드시 저장합니다.

## 핀잔을 주는 '꺼져~' 이모티콘 만들기

### 애니메이션 준비하기

**01** 일러스트레이터에서 [움직이는 이모티콘_직썰하는 천사티콘] 폴더의 2 꺼져.ai 파일을 불러옵니다.

**02** ❶애니메이션에 필요한 이미지들을 선택하고 `Ctrl` + `C` 를 눌러 복사합니다. ❷애니메이트에서 `Ctrl` + `V` 를 눌러 붙여 넣습니다. 이때 [붙여넣기] 대화상자에서 [레이어 유지]의 체크를 해제합니다.

**03** ❶애니메이트로 불러온 이미지를 각각 선택하고 `F8` 을 눌러 그래픽 심볼로 등록합니다. ❷[윈도우]-[라이브러리] 메뉴를 클릭하면 등록된 심볼을 확인할 수 있습니다. ❸심볼을 이용해 현재 레이어에 이모티콘을 배치합니다. 레이어에서 심볼의 높이는 `Ctrl` 을 누른 채 `↑`, `↓`를 눌러 조절합니다.

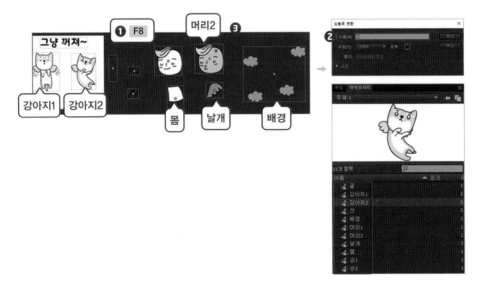

## '강아지1' 애니메이션 만들기

**04** ❶ 심볼을 이용해 현재 레이어에 이모티콘을 배치합니다. 심볼의 높이는 Ctrl 을 누른 채 ↑, ↓ 를 눌러 조절합니다. '글' 심볼을 맨 앞에, '배경' 심볼은 맨 뒤에 배치합니다. 전체 심볼을 선택하고 마우스 오른쪽 버튼을 클릭해 [레이어에 배포]를 클릭합니다. ❷ '강아지1' 심볼을 더블클릭해 심볼 안으로 들어간 후 강아지 이미지를 선택하고 ❸ Ctrl + B 를 한 번 눌러 분해합니다.

**05** ❶ 2프레임을 선택하고 F6 을 눌러 키프레임을 추가합니다. ❷ 1프레임으로 이동하여 날개 아래의 선을 지웁니다. ❸ 자유 변형 도구로 1프레임의 날개를 선택한 후 회전축을 날개 끝으로 이동하고 위로 조금 회전합니다. 반대쪽 날개도 같은 방법으로 회전하여 날갯짓을 하는 1, 2프레임 애니메이션을 완성합니다. ❹ '장면1' 탭을 클릭해 심볼 밖으로 나옵니다.

06 ❶'장면1' 심볼에서 [강아지1] 레이어의 10프레임을 클릭하고 F6 을 눌러 키프레임을 추가합니다. ❷두 키프레임의 중간을 선택하고 마우스 오른쪽 버튼을 클릭해 [표준 트윈 만들기]를 클릭합니다. ❸5프레임을 선택하고 F6 을 눌러 키프레임을 추가합니다. ❹5프레임에 있는 '강아지1' 심볼을 아래로 조금 내립니다. 날갯짓을 하면서 위아래로 움직이는 애니메이션이 완성됩니다.

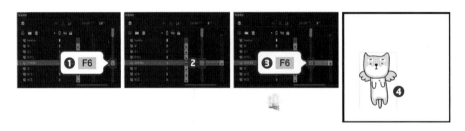

### 천사 머리 교체 복사하기

07 ❶[머리1] 레이어의 3프레임을 선택하고 F6 을 눌러 키프레임을 추가합니다. ❷3프레임에 있는 '머리1' 심볼을 선택하고 [속성] 패널에서 [심볼 교체]를 클릭합니다. ❸[심볼 교체] 대화상자에서 '머리1' 심볼이 선택된 상태로 심볼 복제 아이콘을 클릭합니다. ❹[심볼 복제] 대화상자에서 [확인]을 클릭해 복제합니다. 다시 [심볼 교체] 팔레트에서 [확인]을 클릭합니다.

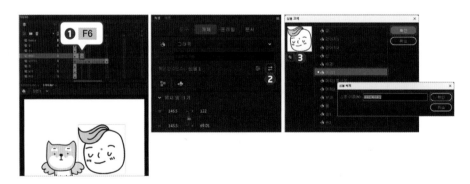

이모티콘승인노하우 [심볼 교체]는 똑같은 모양의 심볼을 다른 심볼로 만들 때 즉, 주로 조금 변형된 심볼을 만들 때 사용합니다. 천사가 바람을 들이마실 때 필요한 심볼을 만들기 위해 원래 있던 '머리1' 심볼을 [심볼 교체]를 하여 새로운 심볼로 만듭니다.

**08** ❶교체 복사된 '머리1 복사본' 심볼을 더블클릭해 심볼 안으로 들어간 후 Ctrl + B 를 눌러 분해합니다. ❷입을 선택하여 지우고 ❸검은색 선의 동그라미를 얼굴 밖에 그립니다. ❹완성된 원과 얼굴을 선택하고 Ctrl + G 를 눌러 그룹으로 만든 후 얼굴에 배치합니다. '장면1' 탭을 클릭해 심볼 밖으로 나옵니다. '머리1' 심볼에 영향을 주지 않고 새로운 심볼이 만들어집니다.

이모티콘승인노하우 애니메이트에서 새로운 이미지를 만들면 처음은 분해 상태로 되어 그룹 뒤로 숨어버립니다. 그래서 그룹 밖에서 만들고 그룹으로 만든 후 배치하는 것입니다.

### 천사 바람 돌이 마시기 애니메이션

**09** ❶[머리1] 레이어의 타임라인에서 8프레임을 선택하고 F6 을 눌러 키프레임을 추가합니다. ❷3~8프레임의 중간을 선택하고 마우스 오른쪽 버튼을 클릭해 [표준 트윈 만들기]를 클릭합니다. ❸자유 변형 도구로 8프레임에 있는 '머리1 복사본'을 오른쪽으로 이동하고 살짝 회전합니다. ❹10프레임을 선택하고 F5 를 눌러 시간을 연장합니다.

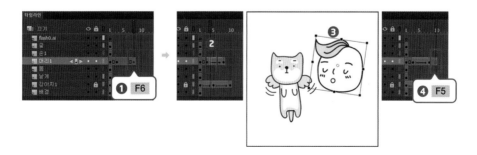

**10** ❶[몸] 레이어의 3프레임을 선택하고 F6 을 눌러 키프레임을 추가합니다.
❷8프레임을 선택하고 F6 을 눌러 키프레임을 추가한 후 3~8프레임의 중간에
[표준 트윈 만들기]를 적용합니다. ❸자유 변형 도구로 8프레임에 있는 몸을 머
리 위치에 맞게 배치하고 살짝 회전합니다. ❹10프레임을 선택하고 F5 를 눌
러 시간을 연장합니다.

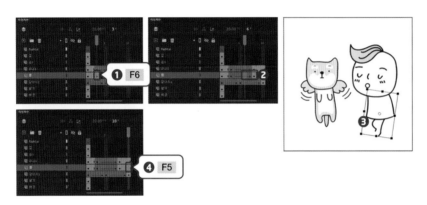

**11** ❶[손1] 레이어의 타임라인에서 3프레임을 선택하고 F6 을 눌러 키프레임
을 추가합니다. ❷8프레임을 선택하고 F6 을 눌러 키프레임을 추가한 후 3~8
프레임의 중간에 [표준 트윈 만들기]를 적용합니다. ❸자유 변형 도구로 8프레
임에 있는 손을 머리와 몸에 맞게 배치하고 살짝 회전합니다. ❹10프레임을 선
택하고 F5 를 눌러 시간을 연장합니다.

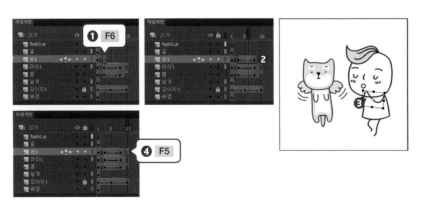

**12** ❶[날개] 레이어의 타임라인에서 3프레임을 선택하고 F6 을 눌러 키프레임을 추가합니다. ❷8프레임을 선택하고 F6 을 눌러 키프레임을 추가한 후 3~8프레임의 중간에 [표준 트윈 만들기]를 적용합니다. ❸자유 변형 도구로 8프레임에 있는 날개를 머리와 몸 위치에 맞게 배치하고 살짝 회전합니다. ❹10프레임을 선택하고 F5 를 눌러 시간을 연장합니다.

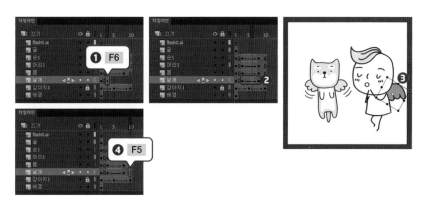

**13** ❶완성된 [손1], [머리1], [몸], [날개] 트위닝의 중간을 동시에 선택합니다. ❷[속성] 패널의 [트위닝] 옵션에서 [부드럽게] 항목의 속도를 **100**으로 설정해 감속합니다.

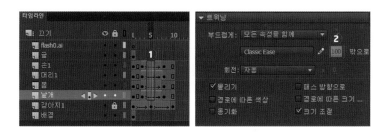

이모티콘승인노하우   애니메이션이 멈추는 동작을 표현할 때 [속성] 패널의 [트위닝] 옵션에서 [부드럽게] 항목의 속도를 100으로 설정하면 속도가 줄어드는 효과를 낼 수 있습니다.

**천사 바람 불기 애니메이션**

**14** ❶ [머리1] 레이어의 11프레임을 선택하고 F7 을 눌러 공 프레임을 추가합니다. ❷ [라이브러리]에서 '머리2' 심볼을 가져와 입으로 바람을 부느라 머리가 앞으로 나오는 모습이 표현될 만한 위치에 배치합니다. 이때 [타임라인] 패널에서 [어니언스킨]을 켜고 이전 프레임의 잔상을 보며 위치를 맞춥니다. ❸ [몸] 레이어의 11프레임을 선택하고 F6 을 눌러 키프레임을 추가한 후 ❹ 자유 변형 도구로 몸을 얼굴에 맞춰 배치합니다.

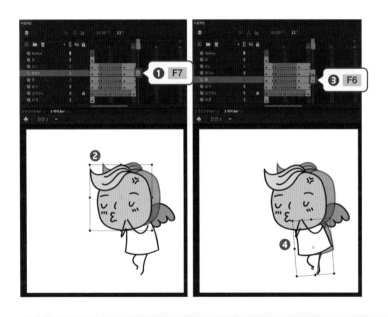

이모티콘승인노하우 [어니언스킨]은 타임라인 위쪽에 잡힌 영역만큼 다른 프레임의 모양을 잔상으로 보여주는 기능을 합니다. 현재 프레임의 심볼 위치를 다른 프레임에 맞춰 조절할 때 사용합니다.

**15** ❶ [손1] 레이어의 11프레임을 선택하고 `F7` 을 눌러 공 프레임을 추가합니다. [라이브러리]에서 '손2' 심볼을 가져와 몸에 맞게 배치합니다. ❷ [날개] 레이어의 11프레임을 선택하고 `F6` 을 눌러 키프레임을 추가한 후 자유 변형 도구로 날개를 얼굴과 몸에 맞춰 배치합니다. ❸ [손1], [머리1], [몸], [날개] 레이어의 20프레임을 동시에 선택하고 `F5` 를 눌러 시간을 연장한 후 프레임을 모두 잠급니다.

이모티콘승인노하우 숨을 들이마시고 바람을 부는 애니메이션은 중간에 트위닝 없이 바로 11 프레임에서 이미지 컷을 바꿔 만듭니다. 그렇게 하면 순간적으로 빠르게 바람을 부는 효과를 얻을 수 있습니다.

**바람에 날려가는 강아지 애니메이션 만들기**

**16** ❶[강아지1] 레이어의 잠금을 풀고 11프레임에서 F7 을 눌러 공 프레임을 추가합니다. ❷[라이브러리]에서 '강아지2' 심볼을 가져와 천사 옆에 배치합니다. ❸20프레임에서 F6 을 눌러 키프레임을 추가한 후 11~20프레임의 중간에 [표준 트윈 만들기]를 적용합니다. ❹20프레임의 '강아지2' 심볼을 왼쪽으로 이동합니다.

**17** ❶완성된 11~20프레임 사이의 트위닝 중간을 선택하고 [속성] 패널의 [트위닝] 옵션에서 [부드럽게] 항목의 속도를 **100**으로 설정해 감속합니다. ❷새 레이어를 추가하고 레이어 이름을 **선**으로 변경합니다. [선] 레이어의 15프레임 을 선택하고 F6 을 두 번 눌러 프레임을 나눕니다. ❸[라이브러리]에서 '선' 심 볼을 15프레임에 가져오고 위치를 조절합니다. 완성된 [강아지1] 레이어와 [선] 레이어를 잠급니다.

이모티콘승인노하우 애니메이션 작업을 할 때 단축키를 사용하면 효과적입니다. 단축키 F6 은 공 프레임을 나누는 역할을 하는데, 이를 이용해 스크래치선, 동작선 등을 한 프레임에서 잠깐 나왔 다가 사라지게 만들면 빠른 느낌의 효과를 낼 수 있습니다.

**글자와 구름 배경 애니메이션 GIF 파일 완성하기**

**18** ❶[글] 레이어의 20프레임을 선택하고 F5 를 눌러 시간을 연장합니다. ❷ [글] 레이어의 글자 이미지를 더블클릭해 심볼 안으로 들어가 Ctrl + B 를 한 번 눌러 그룹을 해제합니다.

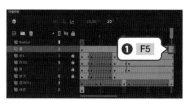

**19** ❶ '글' 심볼의 타임라인에서 2프레임을 선택하고 F6 을 눌러 키프레임을 추가합니다. ❷ 2프레임에 있는 글자들을 서로 다른 위치로 각각 2~3픽셀씩 움직입니다. 모든 글자 위치를 조절한 후 '장면1' 탭을 클릭해 심볼 밖으로 나옵니다.

이모티콘승인노하우 2프레임의 글자 위치에 각각 조금씩 변화를 주면 1프레임과 위치가 달라지면서 서로 엇갈리며 떨리는 글자 애니메이션이 완성됩니다.

**20** ❶ 앞에서 [글] 레이어를 편집한 것과 같은 방법으로 [배경] 레이어의 20프레임을 선택하고 F5 를 눌러 시간을 연장합니다. [배경] 레이어의 배경 이미지를 더블클릭해 심볼 안으로 들어가 Ctrl + B 를 한 번 눌러 그룹을 해제합니다. ❷ '배경' 심볼의 타임라인에서 2프레임을 선택하고 F6 을 눌러 키프레임을 추가합니다. 2프레임에 있는 구름 이미지들을 서로 다른 위치로 2~3픽셀씩 움직입니다. 모든 구름 위치를 조절한 후 '장면1' 탭을 클릭해 심볼 밖으로 나옵니다.

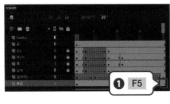

**21** [파일]-[내보내기]-[애니메이션 GIF 내보내기] 메뉴를 클릭합니다. [이미지 내보내기] 대화상자가 나타나면 [투명도]의 체크를 해제합니다. [저장]을 클릭해 제안용 폴더에 세 번째 GIF 파일로 저장합니다.

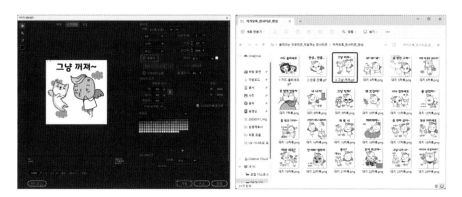

모든 애니메이션과 GIF 파일 제작을 마쳤으면 [파일]-[저장] 메뉴를 클릭해 애니메이트 원본 파일로 저장합니다. 카카오톡 움직이는 이모티콘 제안용으로 GIF 파일 세 개와 PNG 파일 21개가 최종 완성됩니다. 이모티콘 제목과 내용을 작성한 후 [카카오톡 이모티콘 스튜디오]에 움직이는 이모티콘으로 제안을 넣을 수 있습니다.

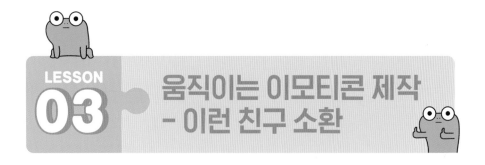

## 미리 보기

▲ 포토샵과 애니메이트를 이용해 제작한 '이런 친구 소환'

## 기획 의도

우리 주위에 있을 법한 엽기적인 친구들의 자연스럽고 솔직한 대화를 소재로
만들었습니다. 서로 거리낌 없이 대화하고 행동하는 친구들을 소재로 하여 친
한 친구끼리 나누는 일상 대화를 이모티콘에 담았습니다.

## 주요 제작 기법

직설적이고 약간은 엽기적인 메시지를 통해 친한 친구들끼리 나눌 만한 솔직한 대화를 표현합니다. 반복적인 빠른 움직임으로 중독성을 발생하는 애니메이션 이 포인트입니다.

## 포토샵 GIF 제작 준비하기

[파일]-[새로 만들기] 메뉴를 클릭해 [새로운 문서 만들기] 대화상자를 엽니다. [폭]과 [높이]는 360, [단위]는 **픽셀**, [해상도]는 **72픽셀/인치**, [색상 모드]는 **RGB 색상**, **8bit**, [배경 내용]은 **흰색**으로 설정합니다. [만들기]를 클릭해 준비합니다.

## 애니메이트 GIF 제작 준비하기

[파일]-[새로 만들기] 메뉴를 클릭해 [새 문서] 대화상자를 엽니다. [플랫폼]은 ActionScript 3.0, [폭]과 [높이]는 360, [단위]는 **픽셀**, [프레임 속도]는 **20fps**, [배경]은 **흰색**으로 설정합니다. [만들기]를 클릭해 준비합니다.

## 제안용 PNG 파일 준비하기

❶ [움직이는 이모티콘_이런 친구 소환] 폴더의 **이런 친구 소환.ai** 파일을 불러옵 니다.

❷ [파일]-[내보내기]-[화면에 맞게 내보내기]를 선택합니다.

❸[내보낼 위치]에서 [카카오톡_이런 친구 소환] 폴더를 만들고 [대지 내보내기]를 클릭합니다.

❹[360w] 폴더가 생성되고 그 안에 24개의 PNG 파일이 저장되어 있습니다. 폴더 이름을 **카카오톡_이런 친구 소환**으로 변경합니다.

❺폴더에 있는 파일 24개 중 GIF 애니메이션으로 제작할 파일 세 개를 선택해 삭제합니다. 삭제한 파일은 애니메이트 및 포토샵을 이용해 GIF 애니메이션으로 제작하여 다시 저장할 것입니다.

## '집에 가고 싶다' 이모티콘 만들기

### 애니메이션에 필요한 일러스트레이터 이미지를 포토샵으로 보내기

**01** 일러스트레이터에서 [움직이는 이모티콘_이런 친구 소환] 폴더의 1 집에 가고 싶다.ai 파일을 불러옵니다.

**02** ❶일러스트레이터에서 첫 번째 캐릭터를 선택하고 Ctrl + C 를 눌러 복사합니다. ❷포토샵에서 [파일]-[새로 만들기]를 클릭해 [폭]과 [높이]가 **360px**인 새 창을 만듭니다. Ctrl + V 를 눌러 캐릭터를 붙여 넣습니다. ❸이때 [붙여넣기] 대화상자에서 [고급 개체]를 선택하고 [현재 라이브러리에 추가]의 체크는 해제합니다. 레이어 이름은 **1**로 입력합니다. ❹이동 도구로 첫 번째 캐릭터를 화면 중앙에 배치하고 Ctrl + R 을 눌러 눈금자를 표시합니다. 세로 눈금자를

드래그하여 의자 중심에 가이드 선을 맞추고, 가로 눈금자를 드래그하여 의자
바닥에 가이드 선을 맞춥니다.

이모티콘승인노하우  눈금자는 [보기]–[눈금자]를 클릭하거나 Ctrl + R 을 눌러 열 수 있습니다.
눈금자를 클릭해 드래그하면 가이드 선을 꺼낼 수 있고, 가이드 선은 화면을 정렬하거나 기준을 잡을
때 사용합니다. 완성 파일에는 보이지 않습니다.

03 ❶일러스트레이터에서 두 번째 캐릭터를 선택하고 Ctrl + C 를 눌러 복사
합니다. ❷포토샵에서 Ctrl + V 를 눌러 붙여 넣고 ❸이동 도구로 세로 가이드
선은 의자의 중심, 가로 가이드 선은 의자의 바닥에 맞춥니다. ❹레이어 이름을
2로 입력합니다.

이모티콘 승인 노하우 일러스트레이터에서 가져온 이미지들의 너비가 조금씩 다르기 때문에 가이드 선을 기준으로 모든 캐릭터의 세로를 정렬하는 과정입니다. 이후에 불러오는 캐릭터들도 같은 방법으로 가이드 선에 맞춰 정렬합니다.

**04** ❶ 나머지 캐릭터들도 같은 방식으로 가져와 가이드 선에 정렬하고 레이어 이름도 순서대로 변경합니다. ❷ 총 열 개의 레이어가 만들어집니다. ❸ 마지막으로 일러스트레이터에서 글자 이미지를 복사하여 포토샵으로 가져옵니다. ❹ 글자를 적절히 배치한 후 글자 레이어의 이름을 **글**로 변경합니다.

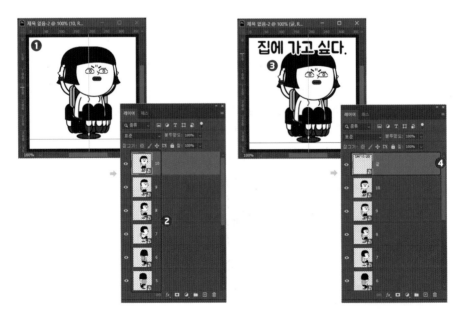

### 타임라인을 이용한 GIF 애니메이션 만들기

**05** ❶[움직이는 이모티콘_이런 친구 소환] 폴더에서 1 집에 가고 싶다.psd 파일을 불러옵니다. ❷[타임라인] 패널의 옵션 메뉴에서 [레이어에서 프레임 만들기]를 클릭합니다.

이모티콘 승인 노하우 [레이어에서 프레임 만들기]는 레이어를 하나의 프레임씩 만들어주는 기능입니다. 일러스트레이터 등에서 애니메이션을 순서대로 만들고 한 번에 프레임으로 적용할 때 사용합니다.

**06** 배경이 있는 첫 프레임과 글자만 있는 마지막 프레임을 선택하고 삭제 아이콘을 클릭해 지웁니다.

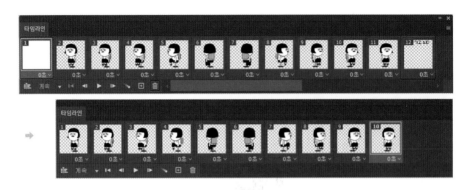

**07** ❶[타임라인] 패널에서 1프레임을 선택하고 [글] 레이어의 눈 아이콘을 켭니다. 10프레임에 모두 글이 나타납니다. ❷이동 도구로 1, 3, 5, 7, 9프레임에 있는 [글] 레이어의 이미지를 각각 선택하고 ↓를 네 번 눌러 아래로 내립니다. 전체적으로 글자가 위아래로 떨리는 애니메이션이 완성됩니다.

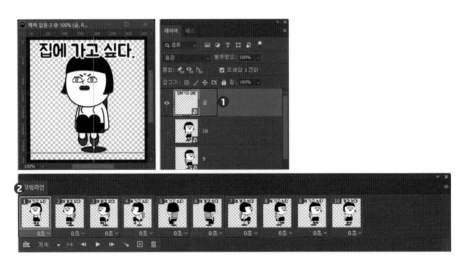

**08** ❶[타임라인] 패널에서 Shift 를 누른 채 모든 프레임을 선택한 후 ❷마우스 오른쪽 버튼을 클릭해 [기타]를 클릭합니다. ❸[프레임 지연 설정]을 0.05로 하고, ❹반복 횟수는 [계속]으로 설정합니다. ❺[배경] 레이어의 눈 아이콘을 켜서 전체에 흰 배경을 넣습니다.

**09** [파일]−[내보내기]−[웹용으로 저장] 메뉴를 클릭합니다. [웹용으로 저장] 대화상자가 나타나면 [파일 형식]을 [GIF]로 선택합니다. [저장]을 클릭해 미리 만들어 놓은 제안용 폴더에 첫 번째 GIF 파일로 저장합니다.

**이모티콘 승인 노하우** [파일]−[저장] 메뉴를 클릭해 완성한 포토샵 원본 PSD 파일을 저장합니다. 나중에 카카오톡 승인이 되면 수정을 해야 할 수 있으므로 원본 파일을 반드시 저장해두어야 합니다.

## '하이룽~' 이모티콘 만들기

### 애니메이션 준비하기

**01** 일러스트레이터에서 [움직이는 이모티콘_주위에 이런 친구 소환] 폴더의
2 하이룽.ai 파일을 불러옵니다.

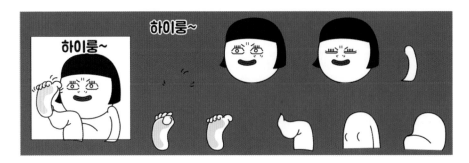

**02** ❶애니메이션에 필요한 이미지들을 선택하고 Ctrl + C 를 눌러 복사합니
다. ❷애니메이트에서 Ctrl + V 를 눌러 붙여 넣습니다. 이때 [붙여넣기] 대화
상자에서 [레이어 유지]의 체크를 해제합니다.

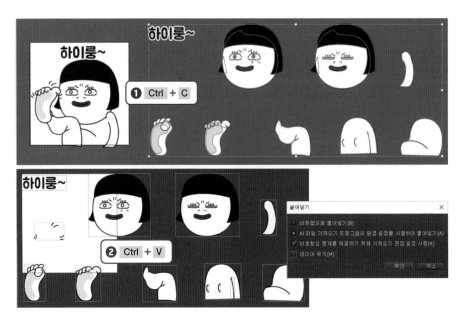

03 ❶ 애니메이트로 불러온 이미지를 각각 선택하고 F8 을 눌러 그래픽 심볼로 등록합니다. ❷ [윈도우]−[라이브러리]를 선택하면 등록된 심볼을 확인할 수 있습니다.

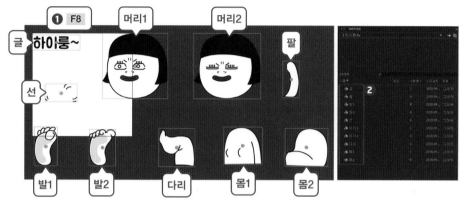

04 ❶ '글', '머리1', '몸1' 심볼을 현재 레이어에 배치합니다. 심볼의 높이는 Ctrl 을 누른 상태로 ↑, ↓를 눌러 조절할 수 있습니다. ❷ 모든 심볼을 선택하고 마우스 오른쪽 버튼을 클릭해 [레이어에 배포]를 클릭합니다. ❸ 심볼이 레이어별로 자동 배포됩니다.

### 캐릭터 몸 애니메이션 만들기

**05** ❶[머리1] 레이어의 8프레임을 선택하고 F6 을 눌러 키프레임을 추가합니
다. 1~8프레임의 중간에 [표준 트윈 만들기]를 적용합니다. ❷클래식 트윈의
중간인 4프레임을 선택하고 F6 을 눌러 키프레임을 추가합니다. ❸4프레임에
있는 얼굴을 위로 살짝 올립니다. ❹8프레임에 있는 얼굴을 원래 위치보다 아
래로 더 내립니다.

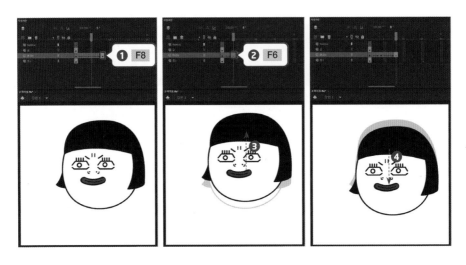

**06** ❶자유 변형 도구로 몸의 중심축을 아래로 내립니다. ❷[몸1] 레이어의 7
프레임을 선택하고 F6 을 눌러 키프레임을 추가한 후 1~7프레임의 중간에 [표
준 트윈 만들기]를 적용합니다. ❸클래식 트윈의 중간인 4프레임을 선택하고
F6 을 눌러 키프레임을 추가합니다. ❹4프레임에 있는 몸을 자유 변형 도구로
머리 위치에 맞게 위로 올립니다. ❺7프레임에 있는 몸을 머리 위치에 맞게 아
래로 내립니다.

**07** ❶ [몸1] 레이어의 8프레임을 선택하고 `F7` 을 눌러 공 프레임을 추가합니다.
❷ 8프레임에 [라이브러리]에서 '몸2'를 가져와 머리에 맞춰 배치합니다. ❸ 클래
식 트윈 1~4프레임 사이를 선택하고 [속성] 패널의 [트위닝] 옵션에서 [부드럽
게] 항목의 속도를 **100**으로 감속하고, ❹ 4~8프레임은 **-100**으로 가속합니다.

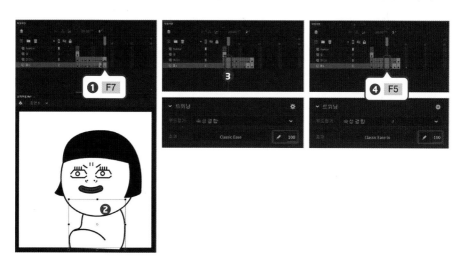

🐸 **이모티콘 승인 노하우** 캐릭터가 발을 올리기 전에 먼저 머리와 몸을 숙이는 애니메이션입니다. 바
로 숙이지 않고 위로 한 번 올렸다가 숙이는 움직임을 통해 좀 더 극적이고 역동적으로 표현합니다.

### 캐릭터 발 애니메이션 만들기

**08** ❶새로운 레이어를 세 개 추가하고 이름을 각각 **팔, 발, 다리**로 변경합니다. 그다음 모든 레이어의 20프레임을 선택한 후 F5 를 눌러 연장합니다. ❷[팔] 레이어는 8프레임에서, [발]과 [다리] 레이어는 4프레임에서 F7 을 눌러 공 프 레임을 만듭니다. ❸[다리]와 [발] 레이어는 5프레임에, [팔] 레이어는 9프레임 에 [라이브러리]에서 심볼을 각각 가져와 배치합니다. 이때 다리와 발은 위로 올라오는 움직임을 만들기 위해 아래쪽에 배치합니다.

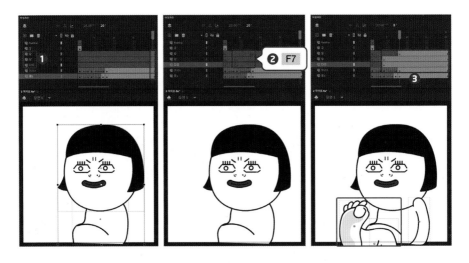

**09** ❶[발], [다리] 레이어의 8프레임을 선택하고 F6 을 눌러 키프레임을 추가 합니다. ❷[발], [다리] 레이어의 4~8프레임 사이를 선택하고 마우스 오른쪽 버 튼을 클릭해 [표준 트윈 만들기]를 클릭합니다. [속성] 패널의 [트위닝] 항목에 서 [부드럽게] 항목의 속도를 **100**으로 설정해 감속시킵니다. ❸8프레임에 있는 다리와 발을 각각 위로 올립니다.

**10** ❶[발1] 레이어의 '발' 심볼을 더블클릭해 심볼 안으로 들어갑니다. ❷2프레임에 F7 을 눌러 공 프레임을 추가합니다. ❸라이브러리에서 '발2' 심볼을 2프레임에 가져와 '발1'과 위치를 맞춰줍니다. ❹라이브러리에서 '선' 심볼을 2프레임에 가져와 위치를 맞춰줍니다. '장면1' 탭을 클릭해 심볼 밖으로 나옵니다.

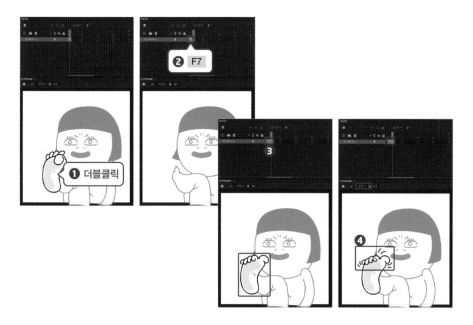

### 캐릭터 눈 깜빡이는 애니메이션 만들기

**11** ❶[머리1] 레이어의 12, 14프레임을 각각 선택하고 F6 을 눌러 키프레임을 추가한 후 F5 를 두 번 눌러 둘로 나눕니다. ❷나눈 12, 14프레임에 있는 '머리1' 심볼을 지우고, ❸그 자리에 [라이브러리]에서 깜빡이는 표정의 '머리2' 심볼을 가져와 배치합니다. 이때 원래 있던 머리보다 살짝 아래로 배치합니다.

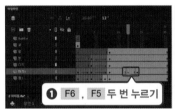

이모티콘 승인 노하우   이모티콘을 제작할 때는 동작을 과장되게 표현하는 것이 좋습니다. 예제처럼 눈을 깜빡일 때 머리를 조금 내려서 눈과 머리가 함께 움직이도록 하면 동작이 더 확실하게 드러납니다.

### 글자 애니메이션 만들기

**12** ❶[글] 레이어의 20프레임을 선택하고 F5 를 눌러 시간을 연장합니다. ❷ '글' 심볼을 더블클릭해 심볼 안으로 들어간 후 Ctrl + B 를 눌러 그룹을 해제합니다. ❸'글' 심볼의 타임라인에서 2프레임을 선택하고 F6 을 눌러 키프레임을 추가합니다. ❹2프레임에 있는 글자들을 키보드 방향키를 이용해 각각 조금씩 다르게 배치합니다. '장면1' 탭을 클릭해 심볼 밖으로 나옵니다.

## 제안용 GIP 애니메이션 파일 완성하기

**13** [파일]-[내보내기]-[애니메이션 GIF 내보내기] 메뉴를 클릭합니다. [이미지 내보내기] 대화상자에서 [투명도]의 체크를 해제합니다. [저장]을 클릭해 미리 만들어놓은 제안용 폴더에 두 번째 GIF 파일로 저장합니다.

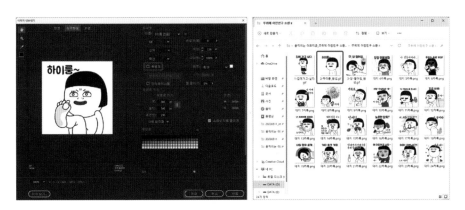

**이모티콘 승인 노하우** 완성한 애니메이션은 [파일]-[저장]을 클릭해 애니메이트 원본 FLA 파일로 저장합니다. 승인 후 최종 완성 파일을 만들거나 라인에 제안할 때는 가장 핵심적인 장면이 반드시 1프레임에 있어야 합니다. 하지만 카카오톡 움직이는 이모티콘을 제안할 때는 GIF 파일이 반복 실행되기 때문에 첫 프레임에 핵심 장면을 배치하지 않아도 괜찮습니다.

# '다..당 떨어짐..' 이모티콘 만들기

## 애니메이션 준비하기

**01** 일러스트레이터에서 [움직이는 이모티콘_이런 친구 소환] 폴더의 3 당떨어짐.ai 파일을 불러옵니다.

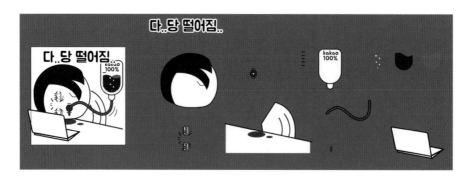

**02** ❶ 애니메이션에 필요한 이미지들을 선택하고 Ctrl + C 를 눌러 복사합니다. ❷ 애니메이트에서 Ctrl + V 를 눌러 붙여 넣습니다. 이때 [붙여넣기] 대화 상자에서 [레이어 유지]의 체크를 해제합니다.

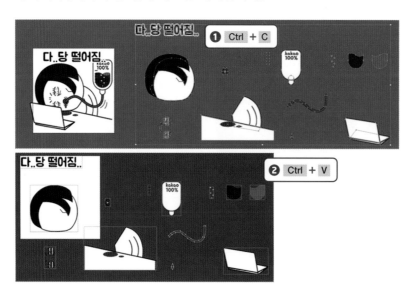

**03** ❶애니메이트로 불러온 이미지를 각각 선택하고 F8 을 눌러 그래픽 심볼로 등록합니다. ❷[윈도우]–[라이브러리]를 선택하면 등록된 심볼을 확인할 수 있습니다.

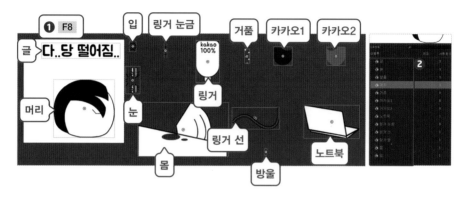

**04** ❶심볼들을 현재 레이어에 배치합니다. ❷모든 심볼을 선택하고 [레이어에 배포]를 클릭합니다. ❸심볼이 레이어별로 자동 배포됩니다.

이모티콘 승인 노하우  '링거 눈금', '카카오1' '카카오2' 심볼은 배치하지 않습니다. 나중에 독립적인 애니메이션으로 따로 제작할 것입니다.

### 캐릭터 머리 애니메이션 만들기

**05** ❶모든 레이어의 20프레임을 선택한 후 F5 를 눌러 연장합니다. ❷[머리], [눈], [입] 레이어의 20프레임을 선택한 후 F6 을 눌러 키프레임을 추가합니다. ❸[머리], [눈], [입] 레이어의 프레임 중간을 선택한 후 마우스 오른쪽 버튼을 클릭해 [표준 트윈 만들기]를 클릭합니다. ❹[머리], [눈], [입] 레이어의 10프레임을 선택한 후 F6 을 눌러 키프레임을 추가합니다.

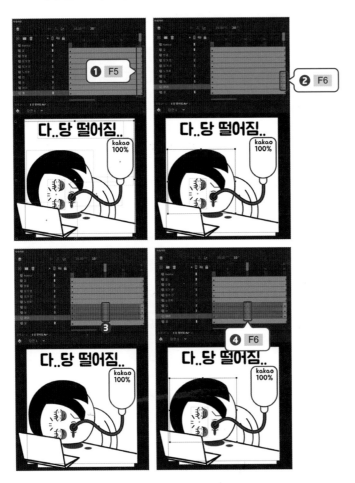

**06** ❶[머리] 레이어의 10프레임을 선택한 후 자유 변형 도구를 이용해 좌우로 크기를 살짝 늘려줍니다. ❷[눈] 레이어의 10프레임을 선택한 후 왼쪽으로 살짝 이동합니다. ❸[입] 레이어의 10프레임을 선택한 후 오른쪽으로 살짝 이동합니다.

**이모티콘 승인 노하우** 링거를 흡입할 때 얼굴이 길어지면서 눈과 입이 위아래로 이동했다가 원위치로 돌아오는 애니메이션입니다.

**링거 선 애니메이션 만들기**

**07** ❶자유 변형 도구를 이용해 링거 선의 중심점을 오른쪽 끝으로 이동합니다. ❷[링거 선] 레이어의 20프레임을 선택한 후 F6 을 눌러 키프레임을 추가합니다. ❸[링거 선] 레이어의 프레임 중간을 선택해 마우스 오른쪽 버튼을 클릭하고 [표준 트윈 만들기]를 클릭합니다. ❹[링거 선] 레이어의 10프레임에 F6 을 눌러 키프레임을 추가한 후 링거 선의 크기를 입 위치에 맞춰줍니다.

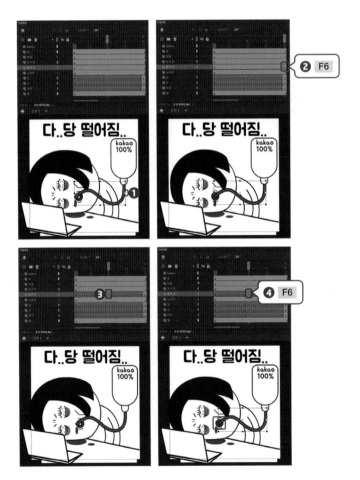

🐸 **이모티콘승인노하우** 입의 위치에 맞게 링거 끝의 위치가 같이 변하는 애니메이션입니다.

**08** ❶[방울] 레이어의 10프레임을 선택한 후 F6 을 눌러 키프레임을 추가합니다. ❷[방울] 레이어의 1~10프레임 사이에 마우스 오른쪽 버튼을 클릭해 [표준 트윈 만들기]를 클릭하고 클래식 트윈을 적용합니다. ❸[방울] 레이어의 10프레임에 있는 '방울' 심볼을 밑으로 내려줍니다. ❹[방울] 레이어의 11~20프레임까지 선택한 후 F7 을 눌러 공 프레임으로 바꿔줍니다.

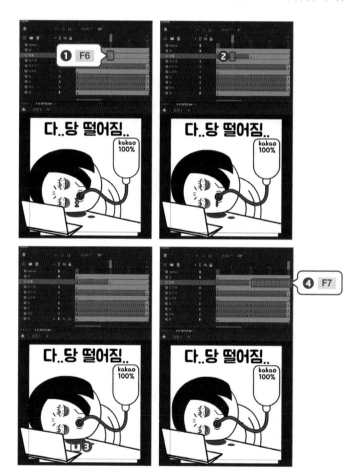

### 링거 애니메이션 만들기

**09** ❶ '링거병' 심볼을 더블클릭하여 심볼 안으로 들어갑니다. 레이어 이름을 **링거병**으로 변경합니다. ❷ 새로운 레이어를 추가하고 이름을 **카카오1**로 변경합니다. 라이브러리에서 '카카오1' 심볼을 가져온 후 `Ctrl` + `B` 를 여러 번 눌러 분해 상태로 바꿔줍니다. ❸ [링거병], [카카오1] 레이어의 10프레임을 선택한 후 `F5` 를 눌러 연장합니다. ❹ [카카오1] 레이어의 마지막 프레임을 선택한 후 `F6` 을 눌러 키프레임을 추가합니다.

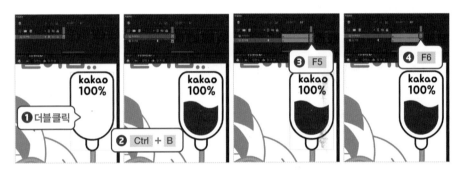

**10** ❶ [카카오1] 레이어의 프레임 중간을 선택한 후 마우스 오른쪽 버튼을 클릭해 [모양 트윈 만들기]를 적용합니다. ❷ [카카오1] 레이어의 5프레임을 선택한 후 `F6` 을 눌러 키프레임을 추가합니다. ❸ [변형] 패널에서 5프레임의 이미지를 좌우 반전합니다.

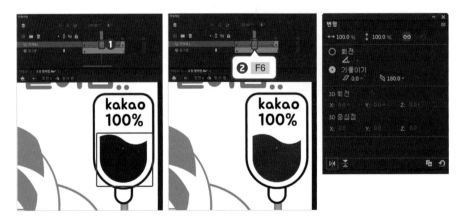

**11** ❶ 새로운 레이어를 추가하고 이름을 **카카오2**로 변경합니다. 라이브러리에서 '카카오2' 심볼을 가져온 후 `Ctrl` + `B` 를 여러 번 눌러 분해 상태로 바꿔줍니다. ❷[카카오2] 레이어의 마지막 10프레임을 선택한 후 `F6` 을 눌러 키프레임을 추가한 후 프레임 중간을 선택하고 마우스 오른쪽 버튼을 클릭해 [모양 트윈 만들기]를 적용합니다. ❸[카카오2] 레이어의 5프레임을 선택한 후 `F6` 을 눌러 키프레임을 추가합니다. ❹[변형] 패널에서 이미지를 좌우 반전합니다.

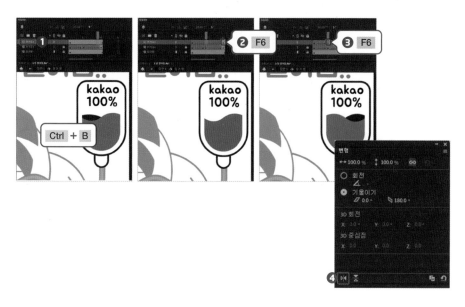

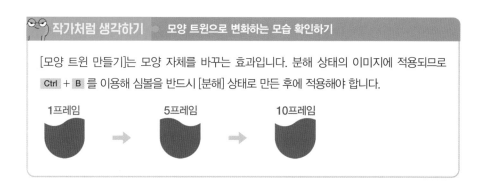

작가처럼 생각하기 | 모양 트윈으로 변화하는 모습 확인하기

[모양 트윈 만들기]는 모양 자체를 바꾸는 효과입니다. 분해 상태의 이미지에 적용되므로 `Ctrl` + `B` 를 이용해 심볼을 반드시 [분해] 상태로 만든 후에 적용해야 합니다.

1프레임　　　　　　　5프레임　　　　　　　10프레임

**12** ❶새로운 레이어를 추가하고 이름을 **거품**으로 변경합니다. 라이브러리에서 '거품' 심볼을 가져옵니다. ❷'거품' 심볼을 더블클릭해 심볼 안으로 들어갑니다. ❸2프레임에서 F7 을 눌러 공 프레임을 추가합니다. ❹2프레임에서 타원 도구를 이용해 흰색 면만 있는 다른 모양의 거품을 만듭니다. '링거병' 탭을 클릭해 심볼 밖으로 나옵니다.

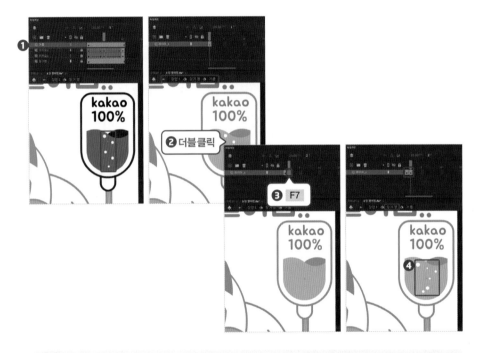

이모티콘승인노하우 '거품' 심볼 안에서 1, 2프레임에 서로 다른 거품 모양을 배치해 움직임을 표현한 애니메이션입니다.

## 글자 애니메이션 만들기

**13** ❶새로운 레이어를 추가하고 이름을 **눈끔**으로 변경합니다. ❷라이브러리에서 '링거 눈끔' 심볼을 가져옵니다. '장면1' 탭을 클릭해 심볼 밖으로 나옵니다.

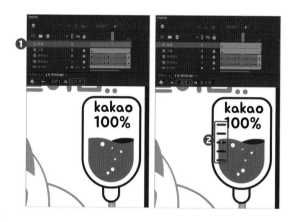

**14** ❶ '글' 심볼을 더블클릭해 심볼 안으로 들어갑니다. `Ctrl` + `B` 를 눌러 그룹을 해제합니다. ❷ `F6` 을 눌러 10프레임까지 키프레임을 추가합니다. ❸ 1프레임에 있는 첫 번째 글자를 선택한 후 `Shift` + `↑` 를 눌러 위로 올려줍니다. ❹ 같은 방법으로 3프레임에서는 세 번째 글자, 4프레임에서는 네 번째 글자, 5프레임에서는 다섯 번째 글자를 위로 올립니다. '장면1' 탭을 클릭해 심볼 밖으로 나옵니다.

🐸 **이모티콘 승인 노하우** 순서대로 한 글자씩 위로 올라갔다가 내려오는 애니메이션입니다. 최종 '장면1'이 10프레임까지 되어 있기 때문에 독립적인 '글' 심볼의 애니메이션도 10프레임까지로 시간을 맞춥니다.

### 제안용 GIF 애니메이션 파일 완성하기

**15** [파일]-[내보내기]-[애니메이션 GIF 내보내기] 메뉴를 클릭합니다. [이미지 내보내기] 대화상자에서 [투명도]의 체크를 해제합니다. [저장]을 클릭해 제안용 폴더에 세 번째 GIF 파일로 저장합니다.

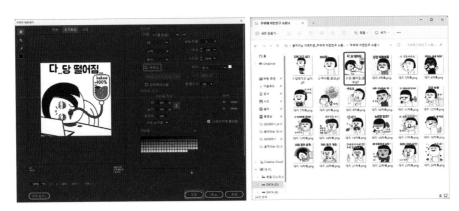

🐸 **이모티콘 승인 노하우**  완성한 애니메이션은 [파일]-[저장]을 클릭해 애니메이트 원본 FLA 파일로 저장합니다. 카카오톡 움직이는 이모티콘 제안용으로 GIF 파일 세 개와 PNG 파일 21개를 완성했습니다. 이모티콘의 제목과 내용을 정하고 '카카오톡 이모티콘 스튜디오' 사이트에 움직이는 이모티콘으로 제안할 수 있습니다.

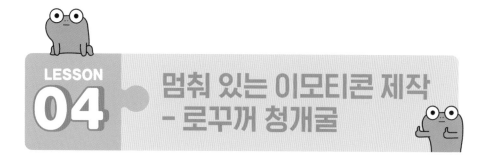

## LESSON 04

# 멈춰 있는 이모티콘 제작
## – 로꾸꺼 청개굴

## 미리 보기

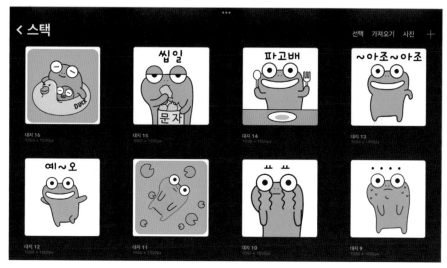

▲ 프로크리에이트를 이용해 제작한 항상 거꾸로 말하는 '로꾸꺼 청개굴'

## 기획 의도

이모티콘에는 다양한 동물 캐릭터가 많으며, 꾸준히 인기를 얻는 소재입니다. 최근에는 도마뱀, 우파루파, 공룡, 악어 등 기존에는 잘 만들지 않았던 동물 캐릭터도 인기를 얻고 있습니다. '로꾸꺼 청개굴'은 친숙한 청개구리 캐릭터를 이용한 이모티콘이며 항상 거꾸로 말하는 발랄한 이모티콘으로 기획했습니다.

## 주요 제작 기법

프로크리에이트의 드로잉을 이용해 자연스러운 청개구리 캐릭터를 표현하는 것이 포인트입니다.

## 프로크리에이트에서 제작 준비하기

프로크리에이트는 비트맵 방식으로 이미지의 크기를 변경하면 깨질 수 있습니다. 최초에 제작할 때는 큰 사이즈로 하고 이후 작업하는 과정에서 줄여야 합니다.

## 개구리 캐릭터 제작하기

### 프로크리에이트에서 새로운 캔버스 만들기

**01** ❶프로크리에이트 앱을 실행하고 [사용자 지정아이콘]을 터치합니다. ❷ 제목에 **예~오**를 입력하고 [너비]와 [높이]는 **1000px**, [DPI]는 **72**를 입력합니다. [창작]을 터치해 새로운 캔버스를 만듭니다. 예제 파일 **로꾸꺼청개굴.zip** 파일에서 완성 결과물을 확인할 수 있습니다.

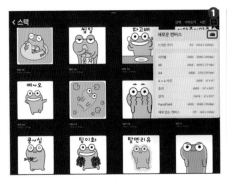

### 브러시를 이용해 기본 스케치하기

**02** ❶새로운 레이어를 추가합니다. ❷추가된 레이어를 **스케치**로 이름을 변경합니다.

 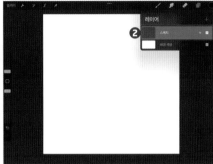

**03** ❶[브러시]를 터치하고 [스케치]–[페퍼민트]를 선택합니다. ❷[색상 팔레트]을 터치하고 스케치할 색상을 선택합니다. 브러시의 두께를 **50%**로 조절합니다.

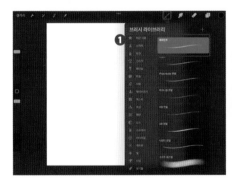 

**04** ❶ 개구리 캐릭터를 스케치합니다. ❷ 캔버스 상단에 **예~오**를 적습니다.

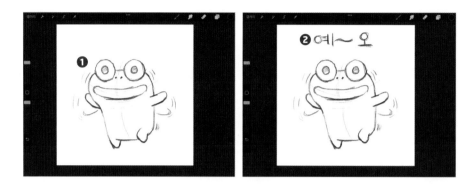

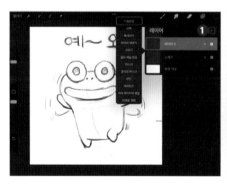

이모티콘 승인 노하우   손가락으로 화면을 동시에 터치하면 [뒤로가기]가 실행되고, 세 손가락으로
터치하면 [앞으로 돌리기]가 실행됩니다.

### 캐릭터 몸 완성하기

**05** ❶ 새로운 레이어를 추가합니다. 레이어 이름을 **몸완성**으로 변경합니다. ❷
[스케치] 레이어의 [불투명도]를 **27%**로 줄입니다.

**06** ❶[브러시]를 터치하고 [서예]–[모노라인]을 선택합니다. ❷브러시의 두께를 **15px**로 조절하고 검은색 선을 이용해 몸의 외곽을 완성합니다.

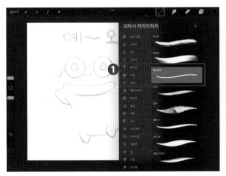 

## 개구리 캐릭터에 색 채우기

**07** ❶[색상 팔레트]를 터치하고 [값]을 터치해 [16진값]에 **#00ff8b**를 입력합니다. ❷[색상 팔레트]를 터치하고 개구리 몸 안쪽으로 드래그해 색상을 채웁니다. ❸같은 방법으로 **흰색(ffffff)**을 개구리 입 안쪽으로 드래그해 채워줍니다.

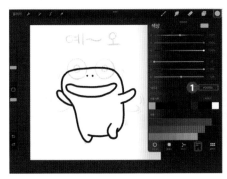 

## 캐릭터 눈 완성하기

**08** ❶새로운 레이어를 추가하고 **눈**으로 이름을 변경합니다. ❷[브러시]를 터치하고 [서예]–[모노라인]을 선택해 정원을 그립니다. 펜슬을 떼지 않고 잠시 기다립니다.

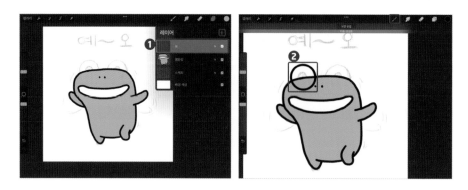

🐸 **이모티콘 승인 노하우** 프로크리에이트에서 정원이나 사각형을 그릴 때는 펜슬을 이용해 원과 사각형을 그립니다. 이때 펜슬을 떼지 않고 잠시 기다리면 정원과 정사각형으로 변경됩니다.

**09** ❶같은 방식으로 눈동자를 만듭니다. 이때 [모양 편집]을 터치하고 [원]을 선택해 원 모양을 수정할 수 있습니다. ❷색상 팔레트를 터치하고 눈에 **흰색(ffffff)**과 눈동자에 **검은색(000000)**을 드래그하여 색상을 채워줍니다.

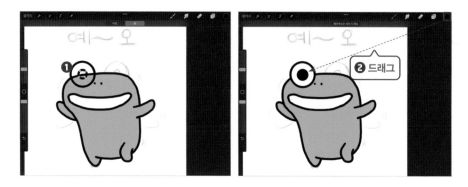

**10** ❶[눈] 레이어의 섬네일을 터치하고 [복사하기]를 선택합니다. ❷[동작]을 터치하고 [추가]−[붙여넣기]를 선택합니다.

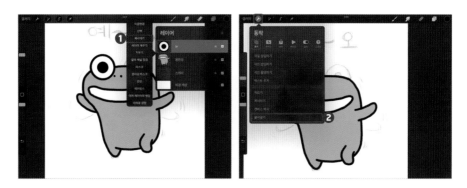

**11** ❶복사한 [눈] 레이어가 나타납니다. ❷반대쪽으로 이동해 나머지 눈을 완성합니다.

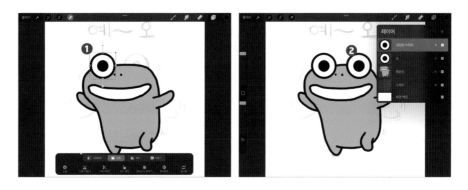

이모티콘 승인 노하우   레이어를 복사해 붙여 넣으면 '삽입한 이미지'라는 새 레이어가 생깁니다.

### 동작선으로 움직임 표현하기

**12** ❶새로운 레이어를 추가하고 **동작선**으로 이름을 변경합니다. ❷[브러시]를 터치하고 [서예]−[모노라인]을 선택합니다. 브러시 두께를 **3px**로 조절해 움직임의 동작선을 표현합니다.

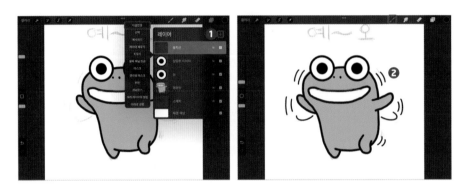

### 메시지 입력하고 완성하기

**13** ❶[동작]을 터치하고 [추가]−[텍스트추가]를 선택합니다. ❷텍스트를 터치합니다.

**14** ❶[키보드]를 터치하면 키보드가 나타납니다. ❷~예~오라고 입력합니다.

**15** ❶입력된 텍스트를 터치하고 [Apple SD Gothic Neo]를 선택합니다. ❷ 다음과 같이 원하는 서체와 크기를 선택하고 [완료]를 터치합니다.

**16** ❶텍스트를 선택하고 위치를 변경합니다. ❷[레이어]를 터치하고 [스케치] 레이어를 비활성하여 완성합니다. 같은 방식으로 카카오톡 멈춰 있는 이모티콘 제안 기준인 총 32개의 파일을 완성합니다.

이모티콘 승인 노하우　텍스트 레이어의 위치를 변경할 때는 펜슬이 아닌 손가락으로 터치해 이동합니다. 펜슬로 선택하면 레이어 이동이 아닌 선이 만들어질 수 있습니다.

### 카카오톡 멈춰 있는 이모티콘 파일 내보내기

**17** ❶[갤러리]를 터치해 갤러리 화면으로 이동합니다. ❷완성된 이모티콘 파일을 터치한 상태에서 다른 파일 위로 드래그해 겹쳐주면 하나의 스택으로 묶입니다.

**18** ❶ 갤러리 화면에서 스택 이름을 터치하면 이름을 변경할 수 있습니다. ❷ **로꾸꺼 청개굴 원본**으로 변경합니다.

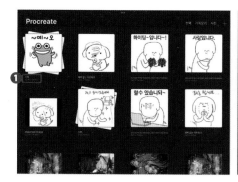

**19** ❶ 갤러리 화면에서 '로꾸꺼 청개굴 원본' 스택을 왼쪽으로 슬라이드한 후 [복제]를 선택합니다. ❷복제된 스택의 이름을 터치하고 **로꾸꺼 청개굴 카카오 멈 티**로 변경합니다.

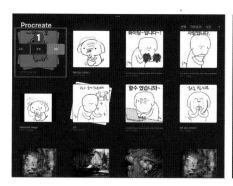

**이모티콘승인노하우** 이모티콘을 제안하기 위해 이미지의 크기를 변경하기 전 미리 원본 스택을 만듭니다. 실제 제안하는 파일은 원본 스택을 복사한 스택으로, 크기를 변경해 제안 파일을 만듭니다.

**20** ❶복제한 '로꾸꺼 청개굴 카카오 멈티' 스택을 터치해 스택 안으로 들어옵니다. ❷각 이모티콘 이름을 터치하고 변경합니다.

**21** ❶'로꾸꺼 청개굴 카카오 멈티' 스택을 터치해 이모티콘 파일을 선택합니다. [동작]을 터치하고 [캔버스]–[잘라내기 및 크기변경]을 선택합니다. ❷[설정] 메뉴에서 [캔버스 리샘플]을 활성화하고 가로세로 크기를 360×360px로 변경한 후 [완료]를 터치합니다.

🐸 **이모티콘승인노하우** [설정] 메뉴의 [캔버스 리샘플]의 비활성화는 포토샵의 캔버스 크기와 같고, 활성화는 이미지 크기와 같은 기능입니다.

**22** ❶[레이어]를 터치하고 [배경 색상] 레이어를 비활성화하여 투명하게 합니다. ❷[동작]을 터치하고 [공유]–[PNG]를 선택합니다.

**23** ❶아이패드에서 [네이버 MYBOX] 앱을 선택합니다. ❷[올리기]를 터치해 파일을 업로드합니다.

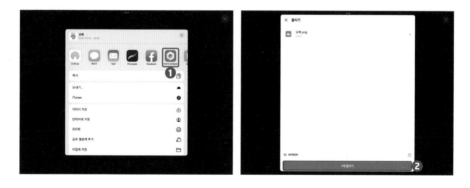

**이모티콘 승인 노하우** 이모티콘 제안은 PC에서 진행하기 때문에 PC와 공유할 앱을 선택해 업로드합니다. 네이버 MYBOX, 구글 드라이브, iCloud, Dropbox 등을 사용할 수 있습니다.

**24** 같은 방법으로 나머지 이모티콘 파일도 각각 PNG 파일 형식으로 PC와 공유할 수 있는 앱에 업로드합니다.

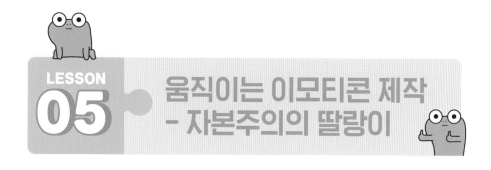

# 움직이는 이모티콘 제작 - 자본주의의 딸랑이

## 미리 보기

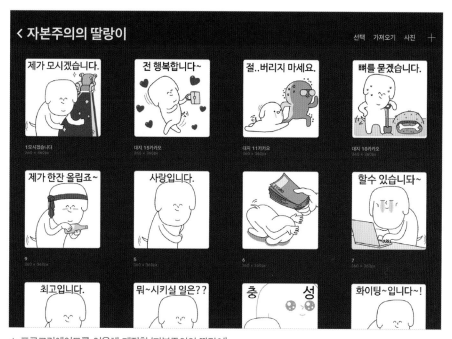

▲ 프로크리에이트를 이용해 제작한 '자본주의의 딸랑이'

## 기획 의도

직장인을 주제로 한 이모티콘은 많이 있습니다. 대부분 직장 내에서 사용하는 메시지, 회사에 가기 싫어하는 메시지, 직장인의 일과 등을 주로 다루고 있습니다. 그중 '자본주의의 딸랑이'는 회사 생활에서 윗사람에게 잘 보이기 위해 아부를 하는 모습을 은유적으로 표현한 이모티콘입니다. 자본주의에 수긍하는 직장인들의 내용을 담은 이모티콘으로 기획해 기존 이모티콘과 차별화를 두고 있습니다.

## 주요 제작 기법

최대한 단순하게 드로잉하고 움직임도 전체 콘셉트에 맞게 단순하면서 딱딱하게 동작하도록 표현합니다.

## 프로크리에이트에서 제작 준비하기

프로크리에이트는 비트맵 방식으로 이미지의 크기를 변경하면 깨질 수 있습니다. 최초에 제작할 때는 큰 사이즈로 하고 이후 작업하는 과정에서 줄여야 합니다. 프로크리에이트 기준으로 스크린의 크기는 [너비]와 [높이]는 **1000px**, **72DPI**로 설정하여 제작합니다.

### 꼬리를 딸랑거리며 굽신거리는 캐릭터 제작하기

#### 프로크리에이트에서 새로운 캔버스 열기

01 ❶ 프로크리에이트 앱을 실행하고 [사용자 지정아이콘]을 터치합니다. ❷ 제목에 **제가 모시겠습니다**를 입력하고 [너비]와 [높이]는 **1000px**, [DPI]는 **72**를 입력합니다. [창작]을 터치해 새로운 캔버스를 만듭니다. 예제 파일 **자본주의의 딸랑이.zip** 파일에서 완성 결과물을 확인할 수 있습니다.

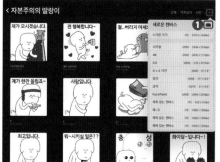

**이모티콘 승인 노하우** 프로크리에이트는 비트맵 제작 방식으로, 제작하고자 하는 이모티콘 크기보다 크게 만든 후 줄이는 방식을 사용합니다. 보통 너비와 높이는 1000px~1200px 정도로 설정합니다.

## 배경 의자 만들기

**02** ❶ 새로운 레이어를 추가합니다. ❷ 추가한 레이어를 **스케치**로 이름을 변경합니다.

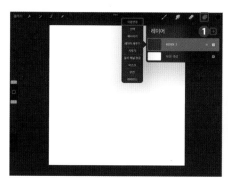
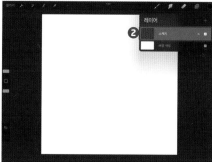

03 ❶[브러시]를 터치하고 [스케치]–[페퍼민트]를 이용해 스케치를 합니다.
❷새로운 레이어를 추가한 후 **의자**로 이름을 변경합니다.

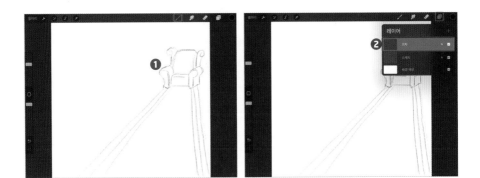

04 ❶[브러시]를 터치하고 [서예]– [모노라인]을 이용해 선을 완성합니다. ❷
[색상 팔레트]을 터치하고 색상을 채워줍니다.

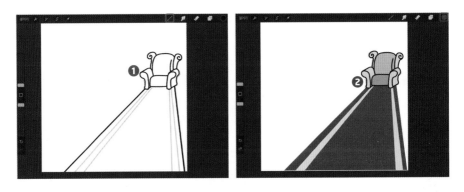

**05** ❶[스케치] 레이어를 오른쪽으로 슬라이드하고 [의자] 레이어를 터치한 후 [그룹]을 선택합니다. ❷그룹 이름을 **의자**로 변경한 후 [스케치] 레이어를 비활성화합니다.

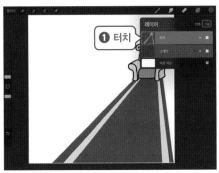 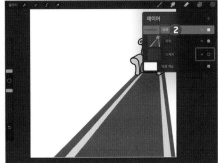

**반짝이 만들기**

**06** ❶새로운 레이어를 추가합니다. 추가한 레이어를 **반짝이1**로 이름을 변경합니다. ❷[브러시]를 터치하고 [서예]–[모노라인]을 이용해 의자 주위에 반짝이 모양을 만들고 색상을 채워줍니다.

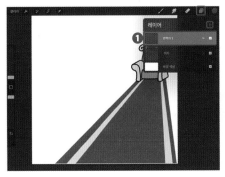 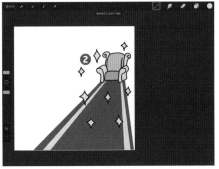

이모티콘승인노하우  화면을 줄이고 브러시로 드로잉을 하면 화면을 줄이지 않고 그렸을 때보다 상대적으로 더 얇게 그릴 수 있습니다.

**07** ❶새로운 레이어를 추가합니다. 추가한 레이어를 **반짝이2**로 이름을 변경합니다. ❷[반짝이1] 레이어의 [불투명도]를 **48%**로 조절하고 [반짝이2] 레이어의 새로운 위치에 반짝이를 만듭니다.

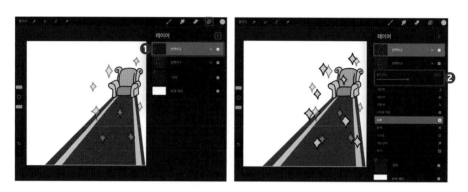

**08** ❶같은 방법으로 [반짝이3]~[반짝이4] 레이어를 만든 후 불투명도를 최대(100%)로 합니다. 그런 다음 반짝이 레이어를 모두 선택하고 그룹으로 묶습니다. ❷그룹 이름을 **반짝이**로 변경합니다.

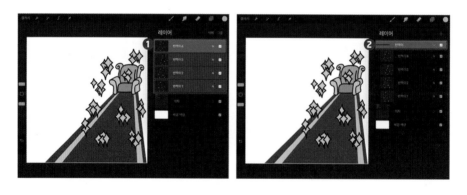

🐸 **이모티콘 승인 노하우**   애니메이션 완성은 총 12프레임으로 합니다. '반짝이1, 2, 3, 4'가 반복되어 총 12프레임으로 완성됩니다.

## 딸랑이 캐릭터와 동작 만들기

**09** 딸랑이 애니메이션의 포인트는 꼬리를 계속 흔들고 의자를 가리키는 동작 표현입니다. 캐릭터는 여섯 동작을 완성하여 총 12프레임으로 완성하고 동시에 '반짝이1, 2, 3, 4'도 4프레임씩 반복하는 구조로 애니메이션이 제작됩니다.

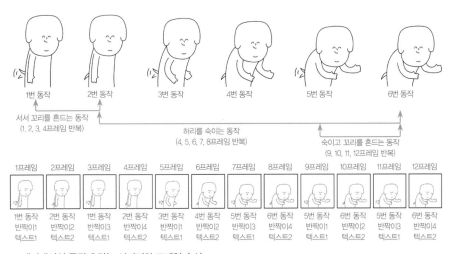

▲ 애니메이션 동작에 맞는 이미지와 프레임 순서

🐸 **이모티콘 승인 노하우** 애니메이션을 제작할 때 몇 개의 프레임으로 제작할 것인지 미리 계획하고 그에 맞는 애니메이션 동작을 제작합니다.

**10** ❶새로운 레이어를 추가하고 이름을 **얼굴 스케치**로 변경합니다. [브러시]를 터치하고 [스케치]–[페퍼민트]를 이용해 캐릭터 얼굴을 스케치합니다. ❷새로운 레이어를 추가하고 이름을 **얼굴**로 변경합니다. [브러시]를 터치하고 [서예]–[모노라인]을 이용해 캐릭터 얼굴을 완성합니다. ❸스케치한 레이어와 함께 그룹으로 만들고 **얼굴**로 변경합니다.

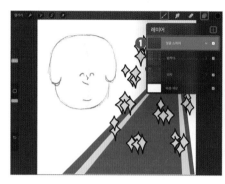 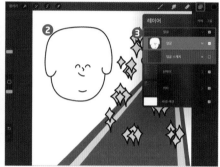

**11** ❶새로운 레이어를 추가하고 [얼굴] 그룹 아래로 이동합니다. **1번 동작**으로 이름을 변경합니다. ❷[브러시]를 터치하고 [서예]–[모노라인]을 이용해 '1번 동작'을 만듭니다. 그다음 [얼굴] 그룹과 '1번의 동작'의 위치를 잡아줍니다.

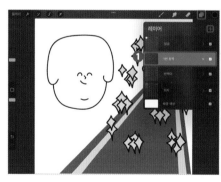 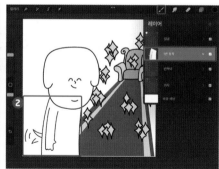

**12** ❶ 새로운 레이어를 추가하고 **2번 동작**으로 이름을 변경합니다. ❷ '1번 동작'에 맞춰 '2번 동작'을 만듭니다. 이때 포인트는 꼬리를 흔드는 모양입니다.

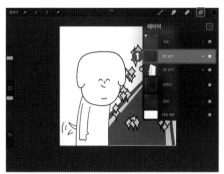
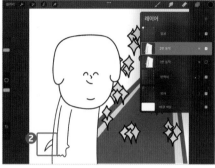

**13** 같은 방법으로 '3번 동작', '4번 동작', '5번 동작', '6번 동작'을 레이어별로 만듭니다.

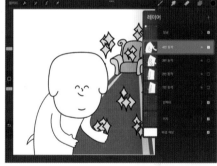

**메시지 입력하기**

**14** ❶[동작]을 터치하고 [추가]-[텍스트 추가]를 선택합니다. ❷**제가 모시겠습니다.**를 입력합니다.

**15** ❶[텍스트 레이어]를 왼쪽으로 슬라이드합니다. ❷[복제]를 선택해 텍스트 레이어를 복제합니다.

**16** [텍스트 레이어]가 복제되면 **텍스트1**, **텍스트2**로 이름을 변경합니다.

**17**　❶[텍스트2] 레이어를 선택하고 [조정]에서 [올가미]를 선택합니다. 홀수 번째 글자인 '제', '모', '겠', '니'를 선택합니다. ❷[선택]을 터치하고 선택 영역의 윗부분을 두세 번 터치해 텍스트를 올려줍니다.

**18**　❶다시 [조정]을 터치하고 [올가미]를 선택합니다. 짝수 번째 글자인 '가', '시', '습', '다.'를 선택합니다. ❷[선택]을 터치하고 선택 영역의 아랫부분을 두세 번 터치해 텍스트를 내려줍니다.

이와 같이 텍스트가 위아래로 움직이는 애니메이션을 위한 [텍스트1] 레이어와 [텍스트2] 레이어 준비가 끝났습니다.

**애니메이션 제작을 위한 프레임별 그룹 레이어 만들기**

**19** ❶완성된 모든 레이어와 그룹을 오른쪽으로 슬라이드해 선택합니다. 그런 다음 그룹을 터치하고 ❷**1 프레임**으로 이름을 변경합니다.

**20** ❶[1 프레임] 그룹을 접고 왼쪽으로 슬라이드합니다. ❷[복제]를 선택해 [1 프레임] 그룹을 복제합니다.

**21** ❶복제된 그룹의 이름을 터치하고 ❷**2 프레임**으로 이름을 변경합니다.

**22** ❶ 같은 방법으로 [2 프레임] 그룹을 복제하고 **3 프레임**으로 이름을 변경합니다. ❷ 나머지 4~12 프레임까지 만듭니다.

**23** ❶ [1 프레임] 그룹을 펼치고 [의자], [반짝이1], [1번 동작], [얼굴], [텍스트1] 레이어를 활성화합니다. ❷ [2 프레임] 그룹을 펼치고 [의자], [반짝이2], [2번 동작], [얼굴], [텍스트2] 레이어를 활성화합니다.

**24** 각 그룹에 있는 레이어를 애니메이션 순서에 맞게 활성화합니다.

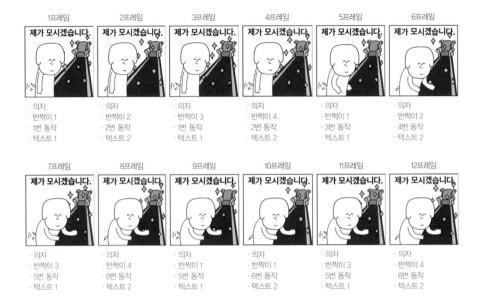

| 1프레임 | 2프레임 | 3프레임 | 4프레임 | 5프레임 | 6프레임 |
|---|---|---|---|---|---|
| · 의자<br>· 반짝이 1<br>· 1번 동작<br>· 텍스트 1 | · 의자<br>· 반짝이 2<br>· 2번 동작<br>· 텍스트 2 | · 의자<br>· 반짝이 3<br>· 1번 동작<br>· 텍스트 1 | · 의자<br>· 반짝이 4<br>· 2번 동작<br>· 텍스트 2 | · 의자<br>· 반짝이 1<br>· 3번 동작<br>· 텍스트 1 | · 의자<br>· 반짝이 2<br>· 4번 동작<br>· 텍스트 2 |

| 7프레임 | 8프레임 | 9프레임 | 10프레임 | 11프레임 | 12프레임 |
|---|---|---|---|---|---|
| · 의자<br>· 반짝이 3<br>· 5번 동작<br>· 텍스트 1 | · 의자<br>· 반짝이 4<br>· 6번 동작<br>· 텍스트 2 | · 의자<br>· 반짝이 1<br>· 5번 동작<br>· 텍스트 1 | · 의자<br>· 반짝이 1<br>· 6번 동작<br>· 텍스트 2 | · 의자<br>· 반짝이 3<br>· 5번 동작<br>· 텍스트 1 | · 의자<br>· 반짝이 4<br>· 6번 동작<br>· 텍스트 2 |

### 애니메이션 어시스트를 이용한 애니메이션 제작

**25** ❶모든 그룹 레이어를 활성화합니다. ❷[동작]을 터치하고 [캔버스]-[애니메이션 어시스트]를 활성화합니다.

**26** ❶[애니메이션 어시스트]의 설정에서 [루프]를 선택하고 [초당 프레임]을 10으로 합니다. ❷[애니메이션 어시스트]의 [재생]과 [일시정지]를 실행하여 애니메이션을 확인합니다.

이모티콘승인노하우 카카오톡 움직이는 이모티콘은 반복 애니메이션으로 제안하기 때문에 루프로 설정합니다. [초당 프레임]은 FPS와 같은 개념으로 1초에 10개의 장면을 보여주는 속도로 설정합니다.

## 카카오톡 움직이는 이모티콘 파일 내보내기

**27** ❶갤러리 화면으로 이동한 후 현재 제작 중인 스택을 왼쪽으로 슬라이드해 복제합니다. ❷복제된 스택의 이름을 터치하고 **자본주의의 딸랑이 카카오 움티**로 변경합니다.

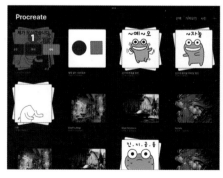 

**28** ❶'자본주의의 딸랑이 카카오 움티' 스택을 터치해 이모티콘 파일을 선택합니다. [동작]을 터치하고 [캔버스]–[잘라내기 및 크기변경]을 선택합니다. ❷ [설정] 메뉴에서 먼저 [캔버스 리샘플]을 활성화하고 가로세로 크기를 360× 360px로 변경한 후 [완료]를 터치합니다.

이모티콘승인노하우  이미지 크기를 변경하기 위해서는 [캔버스 리샘플]을 먼저 활성화하고 가로세로 크기를 변경해야 합니다.

**29** ❶[동작]을 터치하고 [공유]–[움직이는 GIF]를 선택합니다. ❷[최대 해상도]를 터치하고 [디더링]을 활성화한 후 [내보내기]를 터치합니다.

**30** ❶아이패드에서 '네이버 MYBOX' 앱을 선택합니다. ❷[올리기]를 터치해 파일을 업로드합니다.

**31** 같은 방법으로 나머지 움직이는 이모티콘 파일도 각각 GIF 파일 형식으로 PC와 공유할 수 있는 앱에 업로드합니다.

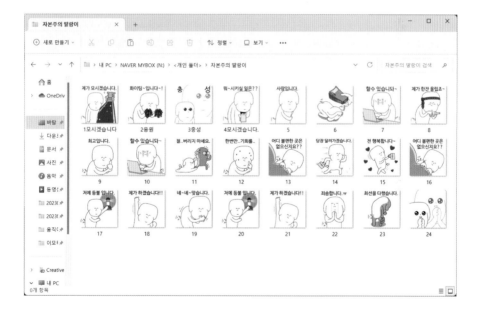

# CHAPTER 05

—

# 카카오톡 이모티콘 변환하기

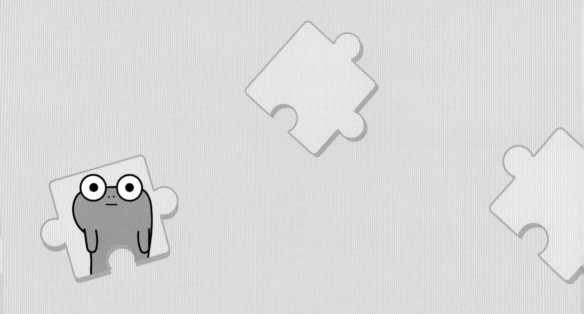

카카오톡 가이드에 맞춰 제작한 이모티콘을 라인, 아이 메시지에 맞게 변환하는 과정에 대해 알아보겠습니다. 총 세 개의 플랫폼에 맞도록 이모티콘을 변환하는 과정을 담고 있습니다. 그중에서도 가장 핵심적인 카카오톡 멈춰 있는 이모티콘을 중심으로 제작 순서를 설명하겠습니다.

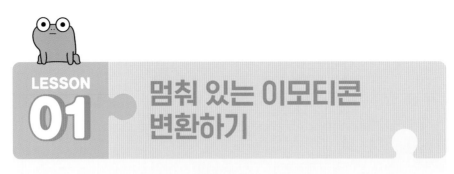

# 멈춰 있는 이모티콘 변환하기

카카오톡에 맞춰 제작한 멈춰 있는 이모티콘을 라인, 아이 메시지에 맞게 변환하는 방법에 대해 알아보겠습니다.

## 멈춰 있는 이모티콘 가이드 및 제작 순서 살펴보기

| 종류 | 크기(px) | 최종 이모티콘 파일 | 추가 파일 |
|---|---|---|---|
| 카카오톡 | 360×360 | 32개, PNG | |
| 라인 | 최대 너비<br>370×320 | 8/16/24/32/40개 중<br>선택, PNG | 메인 이미지 : 240×240, PNG<br>탭 이미지 : 96×74, PNG |
| 아이 메시지 | 618×618 | 최소 8개 이상, PNG | 메인 이미지 : 250×250, PNG |

### 카카오톡

보통 카카오톡 이모티콘을 먼저 제작하기 때문에 크기는 360×360px로 32개의 아트보드를 설정하여 제작합니다.

### 라인

라인용으로 크기를 조절합니다. 라인은 최대 크기가 370×320px이므로 가로를 320px로 하여 320×320px로 제작하면 알맞습니다. 라인은 개수를 선택할 수 있는데 카카오톡에서 24개를 제작하기 때문에 라인도 24개로 합니다.

### 아이 메시지

완성 크기는 618×618px이지만 상하좌우 여백이 20px씩 들어가므로 실제 이모티콘이 표현되는 크기는 578×578px이 됩니다. 개수는 8개 이상이면 되므로 24개를 제안할 수 있습니다.

## 일러스트레이터에서 멈춰 있는 이모티콘 한 번에 변환하기

**01** ❶일러스트레이터에서 [파일]-[새로 만들기]를 클릭해 [추가 설정]을 선택합니다. ❷[대지 수]는 32, [간격]은 **100px**, [폭]과 [높이]는 **360px**, [단위]는 **픽셀**, [색상 모드]는 **RGB**, [래스터 효과]는 **스크린(72ppi)**로 설정합니다. [문서 만들기]를 클릭해 새 창을 엽니다. ❸폭과 높이가 **360px**인 대지가 32개 열립니다. 대지 위에 이모티콘 작업을 합니다.

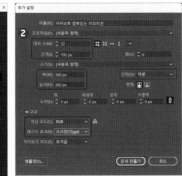
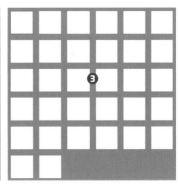

**02** ❶ 카카오톡 멈춰 있는 이모티콘_변환.ai 파일을 열고 [파일]–[내보내기]–[화면에 맞게 내보내기] 메뉴를 클릭합니다. ❷ [화면에 맞게 내보내기] 대화상자가 나타나면 [내보낼 위치]에서 이모티콘을 저장할 폴더를 설정합니다.

**03** ❶ [비율 추가]의 삼각형 버튼을 클릭해 [폭]을 선택한 후 **320px**로 설정하고 [접미어]에 **라인**이라고 입력합니다. ❷ 다시 [비율 추가]를 클릭해 [폭]을 선택한 후 **618px**로 설정하고 [접미어]에 **아이 메시지**라고 입력합니다. 파일 포맷은 모두 [PNG]로 선택하고 [대지 내보내기]를 클릭해 최종 저장합니다.

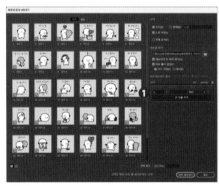
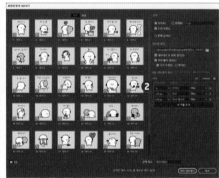

**04** ❶저장 폴더를 확인합니다. [1x], [320w], [618w] 폴더가 생성되고 각 폴더에는 32개의 PNG 파일이 저장되어 있습니다. ❷[1x] 폴더는 **카카오톡_삼콩이**, [320w] 폴더는 **라인_삼콩이**, [618w] 폴더는 **아이 메시지_삼콩이**로 이름을 변경합니다.

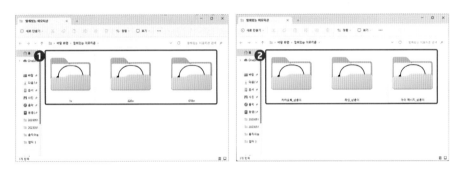

🐸 **이모티콘 승인 노하우** 폴더 이름은 제작할 이모티콘의 제목으로 합니다. 여기서는 '삼콩이'로 설정했습니다. 일러스트레이터 CC 2018 이상 버전을 사용한다면 폴더가 생성되지 않고 하나의 폴더에 모두 저장됩니다. 저장된 파일을 카카오톡, 라인, 아이 메시지별로 분류하여 저장하거나 앞의 과정에서 [비율 추가]하지 않고 폭을 360px, 320px, 618px로 따로 저장하는 것도 좋습니다.

## 라인 스티커(이모티콘)의 대표 이미지와 탭 이미지 만들기

라인은 24개의 제안 파일 외에 대표 이미지로 사용할 가로세로 240px 이미지와 이모티콘 리스트로 사용할 96×74px 이미지를 따로 제작해야 합니다.

**01** ❶포토샵에서 [파일]-[열기] 메뉴를 클릭해 이모티콘을 대표할 이미지 하나를 불러옵니다. ❷[파일]-[웹용으로 저장] 메뉴를 클릭해 [웹용으로 저장] 대화상자가 나타나면 파일의 종류를 [PNG-24]로 선택합니다. 가로세로 크기를 **240px**로 설정한 후 [저장]을 클릭합니다. ❸[파일 이름]에 **main**을 입력하고 [라인_삼콩이] 폴더에 저장합니다.

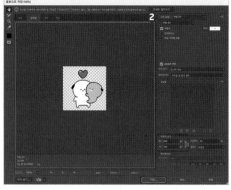

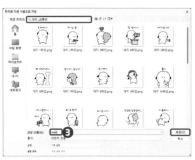

이모티콘 승인 노하우  메인 이미지는 전체를 대표
할 수 있는 이미지입니다. 추출된 파일 중에서 가장 대표
성을 가지고 있거나 마음에 드는 이미지 하나를 선택하
여 제작합니다.

02 ❶[파일]-[열기] 메뉴를 클릭해 탭 이미지로 사용할 이미지 하나를 불러옵
니다. ❷[파일]-[새로 만들기] 메뉴를 클릭해 [폭]은 **96px**, [높이]는 **74px**, [해
상도]는 **72ppi**, [색상 모드]는 **RGB 색상**인 새 문서를 엽니다. ❸포토샵의 선택
도구를 이용해 필요한 부분만 선택하고 Ctrl + C 를 눌러 복사합니다. ❹96×
74px 문서에서 Ctrl + V 를 눌러 붙여 넣습니다.

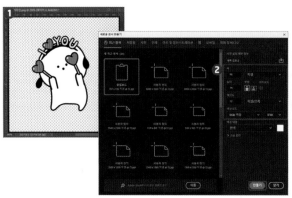

이모티콘승인노하우 탭 이미지는 이모티콘 선택 시 버튼으로 사용되는 이미지입니다. 버튼 사용에 적합한 이미지를 고릅니다. 이때 탭 이미지에는 텍스트가 없어야 합니다.

03 ❶ Ctrl + Shift + T 를 눌러 96×74px에 맞게 정비율로 크기를 줄입니다. ❷이동 도구를 이용해 배치합니다. ❸크기와 위치를 적절하게 맞췄으면 Enter 를 눌러 완성하고 [배경] 레이어의 눈 아이콘을 꺼서 투명하게 합니다. ❹[파일]–[웹용으로 저장] 메뉴를 클릭해 [웹용으로 저장] 대화상자가 나타나면 파일의 종류를 [PNG–24]로 선택하고 [저장]을 클릭합니다. ❺[파일 이름]에 **tab**을 입력하고 [라인_삼콩이] 폴더에 저장합니다.

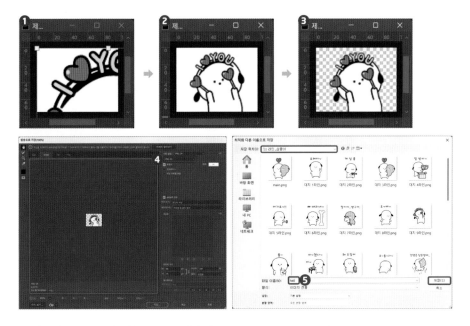

이모티콘승인노하우 탭 이미지로 사용할 파일은 텍스트가 없는 이미지를 골라 96×74px의 비율에 맞게 크기를 조절합니다.

## 아이 메시지 스티커(이모티콘)의 대표 이미지 만들기

아이 메시지의 멈춰 있는 이모티콘은 완성 크기가 618px이기 때문에 포토샵에서 완성 캔버스 크기를 가로세로 618px로 조절하여 다시 저장해야 합니다. 24개의 제안 파일 외에 이모티콘 대표 이미지로 사용할 가로세로 250px 이미지도 제작해야 합니다.

**01** ❶[파일]-[열기] 메뉴를 클릭해 이모티콘을 대표할 이미지 하나를 불러옵니다. ❷[파일]-[웹용으로 저장] 메뉴를 클릭해 [웹용으로 저장] 대화상자가 나타나면 파일의 종류를 [PNG-24]로 선택합니다. 가로세로를 각각 **250px**로 설정한 후 [저장]을 클릭합니다. ❸[파일 이름]에 **main**을 입력하고 [아이 메시지-삼콩이] 폴더에 저장합니다.

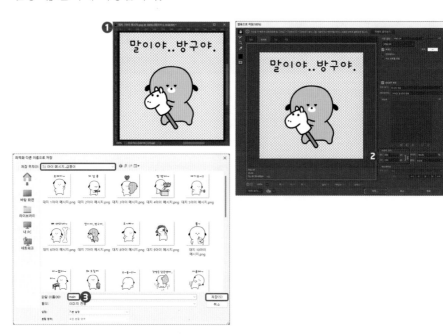

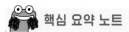 **핵심 요약 노트**

## 1. 일러스트레이터에서 멈춰 있는 이모티콘 한 번에 변환하기

일러스트레이터의 대지 기능을 이용하면 카카오톡, 라인, 아이 메시지, 오지큐 등 멈춰 있는 이모티콘 파일을 한 번에 추출할 수 있습니다.

## 2. 라인 스티커와 아이 메시지 스티커의 대표 이미지와 탭 이미지 만들기

라인 스티커와 아이 메시지 스티커는 바로 완성 파일을 제안하기 때문에 대표로 사용할 메인 이미지를 별도로 제작합니다. 이때 전체 이모티콘에서 가장 대표로 사용할 이미지 하나를 선택하여 제작하면 됩니다. 라인 스티커의 탭 이미지는 버튼으로 사용될 이미지로, 전체 이모티콘 파일 중 대표 하나를 텍스트가 없는 이미지 형태로 제작합니다.

## LESSON 02 움직이는 이모티콘 변환하기

카카오톡 가이드에 맞춰 제작한 애니메이트 파일의 움직이는 이모티콘을 라인, 아이 메시지에 맞게 변환하는 방법에 대해 알아보겠습니다.

## 움직이는 이모티콘 가이드 및 제작 순서 살펴보기

| 종류 | 크기(px) | 최종 이모티콘 파일 | 추가 파일 |
|---|---|---|---|
| 카카오톡 | 360×360 | GIF, 3개<br>PNG, 21개 | |
| 라인 | 최대 너비<br>370×270 | 8/16/24/32개 중<br>선택, APNG | 메인 이미지 : 240×240, APNG<br>탭 이미지 : 96×74, PNG |
| 아이 메시지 | 618×618 | 최소 8개 이상, GIF | 메인 이미지 : 250×250, PNG |

### 카카오톡

보통 카카오톡 이모티콘을 먼저 제작하므로 크기는 360×360px로 합니다.

### 라인

라인은 최대 크기가 370×270px이므로 가로를 270px로 하여 270×270px로 제작하면 알맞습니다. 라인은 개수를 선택할 수 있는데 카카오톡에서 24개를 제작하기 때문에 라인도 24개를 제작합니다. 단, APNG 파일로 제안해야 하므로 애니메이트에서 PNG 시퀀스 작업 후 APNG 제작을 합니다.

### 아이 메시지

완성 크기는 618×618px이지만 상하좌우 여백이 20px씩 들어가므로 애니메이트에서 실제 이모티콘이 표현되는 크기인 578×578px의 마스크를 적용합니다. 개수는 8개 이상이면 되므로 24개를 제안할 수 있습니다.

## 움직이는 이모티콘, 애니메이트로 GIF 추출하기

**01** ❶애니메이트를 실행하고 카카오톡 움직이는 이모티콘_변환.fla 파일을 불러옵니다. 속도 10fps, 20프레임의 움직이는 이모티콘이 저장되어 있습니다. ❷[파일]-[내보내기]-[애니메이션 GIF 내보내기] 메뉴를 클릭합니다. ❸[이미지 내보내기] 대화상자가 나타나면 파일 포맷을 [GIF]로 선택하고, [투명도]의 체크를 해제합니다. [저장]을 클릭해 GIF로 저장합니다.

**02** ❶[카카오톡 움직이는 이모티콘] 폴더를 만든 후 [파일 이름]에 **훌라우프**를 입력하고 GIF 파일로 저장합니다. ❷저장된 파일의 용량이 제한 용량인 2MB 이하인지 확인합니다. ❸크롬 브라우저에 파일을 드래그하여 애니메이션을 확인합니다. 총 24개의 제안 파일 중 세 개는 이와 같이 애니메이션이 적용된 GIF 파일로 저장하고 21개는 정지된 PNG 파일로 저장합니다.

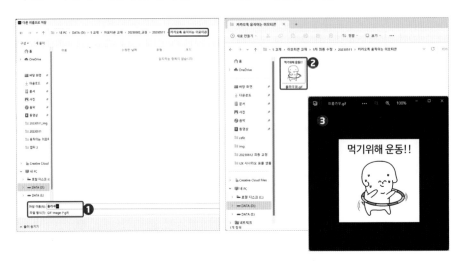

## 카카오톡 움직이는 이모티콘을 라인 애니메이션 스티커로 변환하기

크기 360×360px, 프레임 속도 10fps 또는 20fps, 프레임 수 10개 또는 20개로 제작한 카카오톡 제안용 움직이는 이모티콘을 라인 애니메이션 스티커로 변환합니다. PNG 시퀀스 파일을 추출하고 APNG 어셈블러를 이용해 APNG 파일로 변환합니다.

**01** ❶애니메이트에서 **카카오톡 움직이는 이모티콘_변환.fla** 파일을 불러옵니다. [파일]–[다른 이름으로 저장] 메뉴를 클릭합니다. ❷[라인 애니메이션 스티커] 폴더를 만들고 [파일 이름]을 **훌라우프_라인**으로 변경하고 [저장]을 클릭합니다.

**02** ❶[문서 설정]에서 [내용 크기 조절]에 체크하고 [크기]를 **270×270px**로 변경합니다. ❷[파일]–[내보내기]–[동영상 내보내기] 메뉴를 클릭합니다. ❸[라인 애니메이션 스티커] 폴더 안에 [시퀀스]라는 폴더를 만든 후 [파일 형식]을 [PNG 시퀀스(*.png)]로 선택하고 [저장]을 클릭합니다. [PNG 내보내기] 설정에서 바로 [내보내기]를 클릭해 PNG 시퀀스 파일로 저장합니다.

**이모티콘 승인 노하우** 라인 애니메이션 스티커의 가로세로 크기는 270px입니다. [문서 설정]에서 [내용 크기 조절]에 체크하고 크기 조절을 하면 크기와 내용이 함께 조절됩니다. 그런 다음 APNG 제작을 위한 시퀀스로 저장합니다.

**03** ❶APNG 어셈블러를 실행합니다. ❷[시퀀스] 폴더의 PNG 시퀀스 파일을 모두 선택해 APNG 어셈블러의 [Input files] 영역으로 드래그합니다.

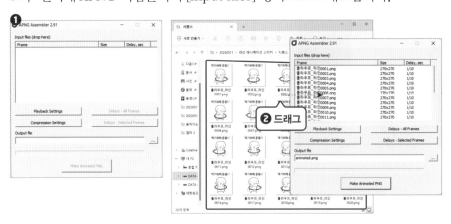

**04** ❶[Delays−All Frames]를 클릭해 ❷[Delays Settings] 대화상자가 나타 나면 속도를 **10**으로 입력합니다. ❸[Playback Settings]를 클릭해 ❹[Playback Settings] 대화상자가 나타나면 [Play Indefinitely]의 체크를 해제한 후 반복 횟수를 **2**로 설정합니다. ❺[Output file]을 클릭하고 ❻[라인 애니메이션 스티 커] 폴더를 열어 [파일 이름]에 **훌라우프**를 입력하고 저장합니다. ❼[Make Animated PNG]를 클릭해 APNG 파일을 만듭니다.

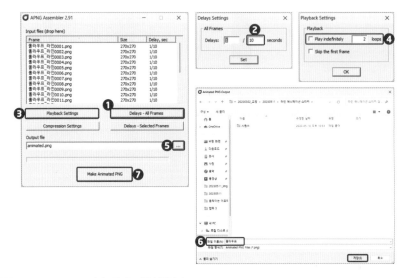

**05** ❶ 저장 폴더로 이동해 파일 용량이 라인 애니메이션 스티커의 제한 용량인 300KB 이하인지 확인합니다. ❷ 완성된 APNG 파일을 파이어 폭스 또는 크롬 브라우저에 드래그하여 확인합니다. 애니메이션이 실행되고 4초 후 정지됩니다.

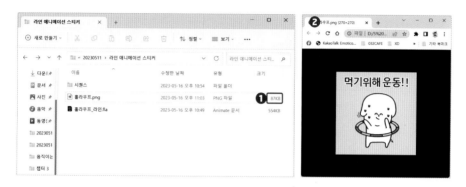

이모티콘 승인 노하우 　만약 APNG 파일의 용량이 300KB를 넘으면 tinyPNG 사이트에서 용량을 줄일 수 있습니다.

이모티콘 승인 노하우 　APNG 파일을 확인할 때는 파이어 폭스 브라우저를 권장합니다. 크롬 브라우저에서는 투명 부분이 검은색으로 보이기 때문에 검은색 텍스트나 이미지가 잘 보이지 않을 수 있습니다. 파이어 폭스 브라우저에서는 투명 부분이 흰색으로 보이기 때문에 좀 더 자세한 실행 화면을 볼 수 있습니다.

## 카카오톡 움직이는 이모티콘을
## 아이 메시지 움직이는 스티커로 변환하기

크기 360×360px, 프레임 속도 10fps 또는 20fps, 프레임 수 10개 또는 20개로 제작된 카카오톡 제안용 움직이는 이모티콘을 아이 메시지 움직이는 스티커로 변환합니다. 아이 메시지는 GIF로 제안하기 때문에 GIF로 변환하고, 15프레임으로 제한되어 있으므로 프레임도 조절해야 합니다.

**01** ❶ 애니메이트를 실행하고 카카오톡 움직이는 이모티콘_변환.fla 파일을 불러옵니다. [파일]–[다른 이름으로 저장] 메뉴를 클릭합니다. ❷ [아이 메시지 움직이는 스티커] 폴더를 만들고, [파일 이름]을 **훌라우프_아이메시지**로 변경하고 [저장]을 클릭합니다.

**02** ❶ [내용 크기 조절]을 체크한 후 가로세로 크기를 **618px**로 변경합니다. ❷ 모든 레이어를 5~20프레임까지 선택합니다. ❸ Shift + F5 를 눌러 5~20프레임까지 삭제합니다. 해당 애니메이션은 총 4프레임만 있어도 가능한 애니메이션입니다.

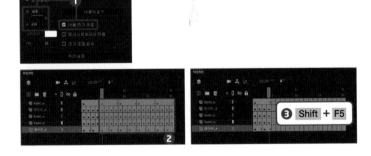

이모티콘승인노하우  아이 메시지는 총 15프레임 이하로 제작합니다. 애니메이션에 영향을 주지 않는 범위에서 필요 없는 프레임을 삭제합니다.

**03 ❶** [파일]-[내보내기]-[애니메이션 GIF 내보내기] 메뉴를 클릭합니다. **❷** [이미지 내보내기] 대화상자에서 [투명도]를 체크하여 배경을 투명하게 만든 후 [아이 메시지 움직이는 스티커] 폴더에 저장합니다.

 **핵심 요약 노트**

### 1. 움직이는 이모티콘, 애니메이트로 GIF 추출하기

카카오톡, 아이 메시지, 오지큐 등은 움직이는 이모티콘 제안 시 GIF 파일로 제안합니다. 애니메이트에서 완성된 애니메이션을 바로 GIF 파일로 추출하여 제안할 수 있습니다. 이때 카카오톡 제안용 GIF 파일은 배경을 흰색으로 설정합니다.

### 2. 카카오톡 움직이는 이모티콘을 라인 애니메이션 스티커로 변환하기

완성된 애니메이트 파일은 다양한 형태로 크기 조절하여 라인, 아이 메시지 등으로 바로 변환할 수 있습니다. 이때 라인 애니메이션 스티커는 APNG 파일로 제안하는데, 애니메이트에서 바로 APNG 제작을 할 수 있는 시퀀스 파일 추출이 가능합니다.

### 3. 카카오톡 움직이는 이모티콘을 아이 메시지 움직이는 스티커로 변환하기

카카오톡 기준으로 제작한 애니메이트 파일을 크기만 조절하여 아이 메시지 제안용 GIF 파일로 추출할 수 있습니다. 이때 아이 메시지 GIF 파일은 배경을 투명으로 설정합니다.

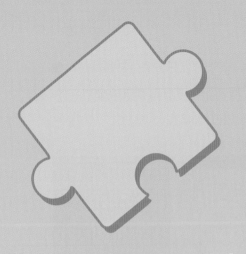

# 카카오톡
# 이모티콘
# 제안하기

카카오톡은 국내에서 가장 많이 사용하는 메신저 앱이며,

이모티콘 사용량과 판매량도 가장 높습니다.

제안 절차는 간단하지만 영향력이 큰 만큼 심사가 까다로워 제안 후 승인율은 아주 낮습니다.

카카오톡 이모티콘 제안 건수는 일주일에 500~800개, 한 달에 2,000개 이상이라고 합니다.

그중 상품화되는 것은 한 달에 100개 안팎이니 경쟁률이 상당히 높은 편입니다.

따라서 철저히 기획하고 꼼꼼하게 제작해야 합니다.

# 카카오톡 이모티콘 제안하기

## ① 카카오톡 앱 설치하고 계정 설정하기

이모티콘을 제안하려면 카카오톡 앱뿐만 아니라 카카오 계정이 있어야 합니다.

## ② 카카오톡 이모티콘 제작 가이드라인 익히기

카카오톡은 멈춰 있는 이모티콘, 움직이는 이모티콘과 큰 이모티콘으로 구분하여 제안합니다. 멈춰 있는 이모티콘은 PNG 파일로만 제안합니다. 움직이는 이모티콘은 애니메이션이들어간 이모티콘으로 GIF 애니메이션과 PNG 파일을 동시에 제안하는 카카오톡의 대표이모티콘입니다. 큰 이모티콘은 화면 전체를 사용하는 이모티콘으로 움직이는 이모티콘과동일한 GIF 애니메이션 파일을 다양한 크기의 이모티콘으로 제안합니다.

### ③ 카카오톡 이모티콘 내용 입력하고 시안 올리기

제작한 이모티콘을 올릴 수 있는 신규 제안 페이지가 열리면 이모티콘의 제목, 설명 등의 정보를 입력합니다. 향후 시리즈로 만들 때를 고려하여 시리즈명을 붙일 수 있는 항목도 있고, 제안에 도움이 될 만한 참고 사이트나 참고 자료를 첨부하는 항목도 있으니 필요하다면 함께 등록합니다.

### ④ 최종 제출 및 심사

내용 입력과 이미지 시안 업로드를 모두 끝내고 [제출하기]를 클릭하면 최종 제안 절차가 마무리됩니다. [내 제안관리]나 [제안관리]를 클릭하면 지금까지 제안한 목록을 확인할 수 있습니다. 제안 후 최소 2주에서 1개월 안에 승인 결과가 메일로 옵니다. 제안이 통과되면 '승인', 그렇지 않으면 '미승인' 결과를 받는데, 승인에는 못 미치지만 수정이 필요한 이모티콘은 별도로 메일이 옵니다. 그런 경우 다시 제작하여 제안할 수 있습니다.

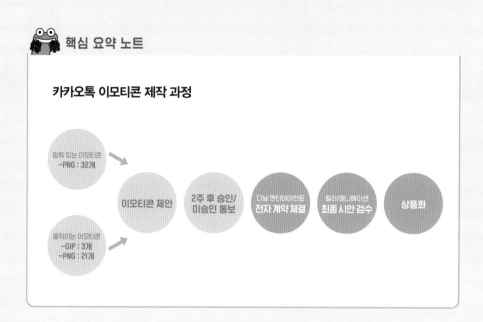

핵심 요약 노트

**카카오톡 이모티콘 제작 과정**

- 멈춰 있는 이모티콘
  - PNG : 32개

- 움직이는 이모티콘
  - GIP : 3개
  - PNG : 21개

이모티콘 제안 → 2주 후 승인/미승인 통보 → 다날 엔터테이먼트 전자 계약 체결 → 컬러/애니메이션 최종 시안 검수 → 상품화

# 라인 스티커
# 제안하기

라인은 국내보다는 일본과 동남아시아 지역에서 인기 있는 메신저로,
전 세계를 상대로 서비스할 수 있습니다.
영어를 기본 언어로 사용하기 때문에 모든 내용을 영문으로 표기해야 하고,
카카오톡보다 제안 절차나 준비 단계가 까다롭습니다.
그러나 카카오톡보다 승인율이 훨씬 높아 상품화 가능성이 큽니다.

## 라인 스티커 제안하기

### ① 라인 앱 설치하고 크리에이터 등록하기

라인 앱을 설치하고 계정을 설정합니다. 그다음 라인 크리에이터스 마켓(https://creator.
line.me/ko)에 접속하여 [마이 페이지]를 클릭한 후 라인 앱에서 설정한 이메일과 비밀번호
로 로그인합니다. 라인 크리에이터스 마켓에 크리에이터로 회원 가입을 하고 메일 인증을
거쳐 크리에이터 등록을 완료합니다.

### ② 라인 스티커 가이드라인 익히기

라인은 최종 완성 파일만 제안하도록 되어 있습니다. 파일의 종류, 크기, 용량 등도 정해져
있기 때문에 제작 가이드를 꼼꼼히 살펴보고 그에 맞추어 제작해야 합니다.

### ③ 라인 스티커 프로필 입력 및 제안 파일 올리기

가이드라인에 맞춰 스티커 제작을 완료했다면 크리에이터 마이 페이지에 접속하여 스티커 프로필 내용을 입력하고 이미지 파일을 업로드합니다. 제안 파일을 모두 업로드한 후 태그와 가격 등을 설정하여 스티커 제안을 제출합니다. 파일의 용량, 크기, 파일명 등이 잘못되어 'Error' 표시가 나타나면 수정을 거쳐 다시 업로드합니다. 한국어, 영어, 일본어 등도 추가합니다.

### ④ 최종 제출 및 심사

스티커 프로필 입력, 스티커 이미지 업로드, 태그 및 가격 설정을 모두 거쳐 제안을 제출했으면 2~4주 정도의 심사 시간이 소요됩니다. 중간에 제안을 취소할 수도 있고, 대기 중인 상태에서 서비스가 될 때의 모습을 미리 보기할 수도 있습니다. 최대 1개월 안에 승인 결과가 메일과 라인 메시지로 도착합니다. 제안이 통과되면 본인이 직접 서비스를 관리할 수 있습니다.

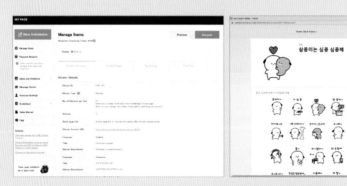

## 라인 스티커(이모티콘) 제작 과정

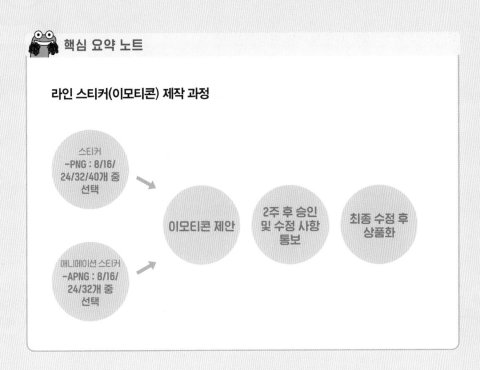

# 모히톡 스티커
# 제안하기

모히톡은 국내 대표 이모티콘 플랫폼입니다.
카카오톡을 주로 사용하는 사람들에게는 조금 생소할 수 있는데,
현재 삼성 Galaxy 시리즈, 애플 iMessage, Zalo(베트남 메신저), 크롬 익스텐션,
세종 텔레콤 등을 비즈니스 파트너로 삼아 이모티콘을 제공하는 플랫폼입니다.
즉, 여러 이모티콘 제작자의 작품을 모아 하나의 플랫폼에 묶어서 서비스하며,
전 세계 1억 명이 넘는 글로벌 유저가 사용하는 스티커(이모티콘) 플랫폼입니다.
라인과 마찬가지로 스티커라는 명칭을 사용합니다.

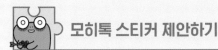 **모히톡 스티커 제안하기**

## ① 모히톡 가입하고 정보 보기

모히톡(https://stickerfarm.mojitok.com)에 접속하여 회원으로 가입합니다. 라인과 달리 페이팔에 가입하지 않고 정산되는 수익금을 바로 송금받을 수 있습니다.

## ② 모히톡 스티커 가이드라인 익히기

멈춰 있는 스티커와 움직이는 스티커로 구분합니다. 페이스북 메신저, 아이 메시지 등 각 플랫폼에 따라 제작 가이드가 서로 다르지만, 모히톡에서는 하나의 가이드에 따라 제작하면 자체 플랫폼에서 자동 변환되어 서비스할 수 있습니다.

▲ 플러스 팩                    ▲ 베이직 팩

**이모티콘 승인 노하우**  모히톡 스티커는 24개 이상은 [플러스 팩], 24개 이하는 [베이직 팩]으로 구분하여 제안할 수 있습니다. [플러스 팩]은 24개 패키지와 이모티콘 하나씩 개별 서비스가 가능하고, [베이직 팩]은 이모티콘 하나씩 개별 서비스만 이루어집니다.

### ③ 모히톡 스티커 내용 입력과 제안 파일 올리기

모히톡은 기본 언어가 영어이므로 제목과 내용은 영문으로 입력합니다. 프로필과 제안 파일까지 업로드한 후 감정 태그도 추가 입력합니다. 모히톡에는 검색을 통한 스티커 추천 기능이 있으니 신중하게 태그를 입력합니다. 업로드한 제안 파일을 컬렉션이라고 하는데, 별도의 수정 기능이 없기 때문에 등록한 스티커를 수정하고 싶다면 새로운 컬렉션을 생성해야 합니다.

### ④ 테스트 후 판매

최종 스티커를 제출한 후 스티커에 문제가 없다면 당일부터 또는 3일 내에 서비스가 이루어집니다. 반려 과정이 없으므로 바로 서비스와 판매가 시작됩니다. 이때 모히톡의 자체 테스트 기능을 통해 본인이 만든 스티커가 어떻게 보이는지 확인해봐야 합니다. 판매되는 스티커가 모두 노출되지는 않습니다. 테스트 페이지에서 노출되지 않더라도 실제 여러 메신저 앱에서 사용되며 중간중간 모히톡에서 보내는 피드백 메일을 받아볼 수 있습니다.

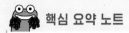 핵심 요약 노트

### 아이 메시지 스티커(이모티콘) 제작 과정

아이 메시지는 아이 메시지 스티커를 전담하여 제공하는 업체인 모히톡 사이트에서 제안할 수 있습니다. 개인이 직접 앱 스토어에 제안할 수도 있지만 과정이 복잡합니다. 모히톡 사이트를 통해 바로 서비스가 될 수 있도록 하는 것이 편리합니다.

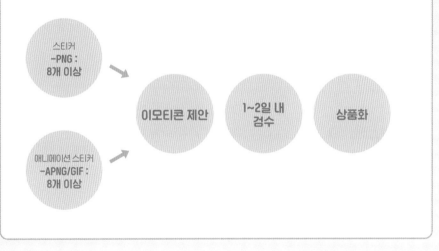

## 찾아보기